Inhalt

Lerntipps

Mit diesem Buch erfolgreich arbeiten

Liebe Schülerinnen, liebe Schüler,

der Geschichtsunterricht fordert von euch fachliches Wissen und methodische Kompetenzen, einfach gesagt: Wissen und Können. Dieses Buch will euch von Anfang an dabei helfen. Mit ihm könnt ihr euch nicht nur Ereignisse, Begriffe (Fachausdrücke) und Namen einprägen, sondern die Entwicklungen auch begreifen. Ihr könnt zu Hause oder in der Schule den Stoff aus dem Unterricht wiederholen und vielleicht Vergessenes leicht nachlesen.

Das Wichtigste aus den jeweiligen Zeitaltern findet ihr in den Zusammenfassungen (Inhalte). Sie nennen die grundlegenden Fakten in einer sinnvollen Ordnung und erleichtern euch so das Verständnis des Geschehens. Diese Texte könnt ihr auch nacheinander lesen, wenn ihr euch einen Überblick verschaffen oder euer Wissen auffrischen wollt.

Bedeutende Daten, zentrale Begriffe und die Namen der handelnden Personen könnt ihr in den jeweiligen Kapiteln direkt nachschlagen.
Wo Zusammenhänge zwischen ihnen bestehen, findet ihr Querverweise (→ für Begriffe und → für Namen), damit aus den vielen Einzelheiten Schritt für Schritt ein Gesamtbild entsteht. So wächst vernetztes Wissen als Grundlage für ein vertieftes Verständnis der Geschichte.

Um erfolgreich historisch zu arbeiten, dabei angemessen vorzugehen und schließlich zu den erhofften Erkenntnissen zu gelangen, braucht ihr methodische Fertigkeiten (Kompetenzen). In unseren Lerntipps im zweiten Teil des Buches stellen wir sie euch vor.

Eine Übersicht wichtiger Abkürzungen sowie ein ausführliches Register mit allen Begriffen und Namen beschließen den Band.

Viel Freude mit diesem Buch wünschen euch die Herausgeber im Namen aller, die daran mitgearbeitet haben.

Kitzingen, Bassum und Bamberg, im Februar 2011

Dieter Brückner, Harald Focke, Klaus Dieter Hein-Mooren

Von den ersten Menschen bis zum frühen Mittelalter

Wir begegnen der Vergangenheit

Quellen erzählen Geschichte

Zur → *Geschichte* gehört, was Menschen getan und erlebt haben. Kenntnisse darüber helfen uns, das Leben früher und heute besser zu verstehen. Unser geschichtliches Wissen stammt aus mündlichen und schriftlichen → *Quellen*. Beispiele für schriftliche Quellen sind Gesetzestexte, Briefe, Tagebücher oder die Lebensbeschreibung eines Menschen (→ *Biografie*).*

Geschichte ordnen mithilfe der Zeit

Menschen haben die Zeit schon vor 5 000 Jahren mit → *Kalendern* in Tage, Monate und Jahre eingeteilt. Sie orientierten sich dabei am Wechsel von Tag und Nacht, am Stand der Sonne, des Mondes oder anderen regelmäßigen Naturerscheinungen. Unsere Zeitrechnung beginnt mit der Geburt → *Jesu Christi*. Ereignisse, die davor liegen, datieren wir „vor Christus" („v. Chr."), Ereignisse danach „nach Christus" („n. Chr."). In anderen Gegenden der Erde werden andere Kalender verwendet, zum Beispiel der jüdische oder der islamische Kalender. Der Verlauf der Zeit und die Abfolge geschichtlicher Ereignisse lassen sich auf einem → *Zeitstrahl* übersichtlich darstellen.
Für eine bessere Übersicht gliedern wir Geschichte in größere Einheiten (Epochen). Grundlegend ist die Dreiteilung in → *Antike*, → *Mittelalter* und → *Neuzeit*.

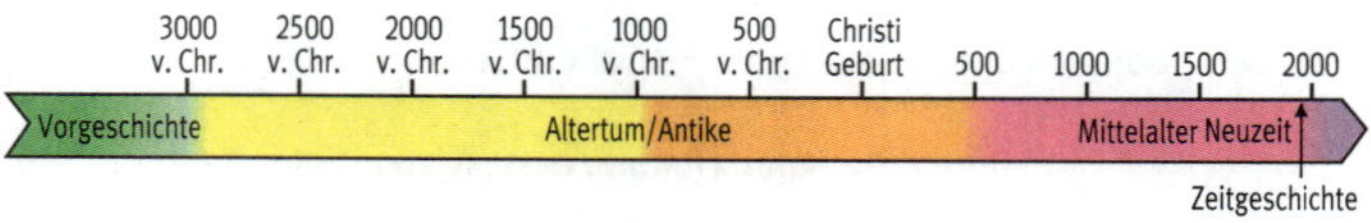

** Zum Umgang mit den verschiedenen Quellengattungen siehe die entsprechenden Lerntipps auf den Seiten 148 ff.*

Menschen in vorgeschichtlicher Zeit

vor 6 bis 7 Mio. Jahren	*In Afrika leben Vormenschen.*
vor ca. 40 000 Jahren	*Jetztmenschen verbreiten sich von Afrika aus über Europa.*
vor ca. 10 000 Jahren	*Die Menschen werden sesshaft und gründen Siedlungen.*
um 1800 v. Chr.	*In Mitteleuropa beginnt die Bronzezeit.*
um 1000 v. Chr.	*In Mitteleuropa fängt die Eisenzeit an.*

Der moderne Mensch entwickelt sich

Die Zeit, aus der uns noch keine schriftlichen Quellen überliefert sind, nennen wir Ur- und Frühgeschichte oder Vorgeschichte. Durch Funde der Altertumsforscher (Archäologen) wie Knochen und Werkzeuge wissen wir einiges über diese Zeit und die frühen Menschen.
In der →*Altsteinzeit* lebten sie als →*Jäger und Sammler* und waren →*Nomaden*. Sie lernten, Werkzeuge und das Feuer zu gebrauchen, stellten mit den Höhlenmalereien erste Kunstwerke her und entwickelten religiöse Vorstellungen. Sie passten sich unterschiedlichen klimatischen Verhältnissen an und besiedelten fast die ganze Welt.
Die modernen Menschen haben sich vor 200 000 Jahren in Südostafrika entwickelt. Von dort haben sie sich vor 40 000 Jahren über Europa ausgebreitet.

Aus Jägern und Sammlern werden Bauern und Viehzüchter

Mit dem Übergang zur →*Jungsteinzeit* entdeckten die Menschen, dass sie Getreide anbauen und Tiere züchten konnten. Immer mehr Menschen ließen sich nieder und lebten in Siedlungen (→*Sesshaftigkeit*). Sie lernten zu töpfern und zu weben, Häuser und Wege zu bauen, Brunnen anzulegen und erfanden neue Werkzeuge. Dies war eine tief greifende Umwälzung im Leben der Menschen (→*Neolithische Revolution*).
Einige Gruppen entwickelten eine Megalithkultur mit großen Grä-

bern, Heiligtümern und Opferstätten aus Stein. Ein weiterer Entwicklungssprung war die Gewinnung und Verarbeitung zunächst von Kupfer, später von Bronze und Eisen (➔ *Bronzezeit*, ➔ *Eisenzeit*). Durch Arbeitsteilung und Spezialisierung entstanden Handwerk und Handel, die Grundlagen für höher entwickelte Kulturen. Einer der bekanntesten Funde aus der Kupferzeit ist der „Ötzi", der 1991 im Eis der Ötztaler Alpen gefunden wurde. Er lebte zwischen 3350 und 3100 v. Chr.

Frühe Hochkulturen

um 3 000 v. Chr.	*In Ägypten entsteht eine Hochkultur; Schriftzeichen werden erfunden und Pyramiden gebaut.*
30 v. Chr.	*Ägypten wird römische Provinz.*

Leben mit dem Nil

Der Klimawechsel nach dem Ende der letzten Eiszeit veränderte die Lebensbedingungen der Menschen gründlich. In vielen Gegenden wichen sie vor den sich ausbreitenden Wüsten in fruchtbare Flusstäler aus. Dort fanden sie günstigere Bedingungen für Ackerbau und Viehzucht. In Ägypten siedelten sich viele Gruppen am Ufer des Nils an. Sie bauten Dämme, die sie vor den jährlichen Überflutungen schützten, und Bewässerungskanäle, um das Flusswasser für die Landwirtschaft zu nutzen.

Die Pharaonen

An der Spitze dieser Gruppen standen Anführer. Sie leiteten wichtige gemeinsame Aufgaben und vererbten allmählich ihre Stellung auf ihre Nachkommen. Aus den Anführern wurden im Laufe der Jahrhunderte Herrscher: die Pharaonen (➔ *Pharao*). Ihnen gelang es im 4. Jahrtausend v. Chr., die einzelnen Siedlungen zu einem Reich zusammenzufassen.

Die Pharaonen galten als gottähnlich. Sie sahen das ganze Land als ihr Eigentum an und herrschten unumschränkt mithilfe von gut ausgebildeten Beamten (Schreibern). Die Einwohner des Reichs mussten Abgaben leisten und beim Bau der → *Pyramiden* und Tempel helfen.

Kennzeichen der frühen → *Hochkulturen* sind die Verwendung von Schriftzeichen wie → *Hieroglyphen*, eine straffe Verwaltung und festgelegte Gesetze, großartige Bau- und Kunstwerke, die Anfänge von Wissenschaft sowie Handel und Handwerk.

Religion bestimmt das Leben

Die Ägypter glaubten an viele Götter (→ *Polytheismus*), die nach ihrer Vorstellung das Leben bestimmten. Als Mittler zwischen Menschen und Göttern galten die Priester. Die Bedeutung der Religion zeigt sich im Totenkult mit Mumifizierung, Grabmälern und Grabbeigaben.

Anders als in Ägypten setzte sich bei den benachbarten Israeliten der Glaube an einen einzigen Gott (→ *Monotheismus*) durch. Dieser Glaube prägte das → *Judentum*, später auch das → *Christentum* und den → *Islam*.

Vom ägyptischen Großreich zur römischen Provinz

Mit der Eroberung durch die Perser im Jahr 525 v. Chr. begann der Zerfall des ägyptischen Großreichs. Nach dem Tod von → *Kleopatra VII.* 30 v. Chr. erlosch es endgültig und wurde römische → *Provinz*.

Das antike Griechenland

um 800 v. Chr.	*In Griechenland entstehen Stadtstaaten (Poleis).*
8. bis 6. Jh. v. Chr.	*Die griechischen Poleis gründen Kolonien.*
Mitte 5. Jh. v. Chr.	*In der Polis Athen setzt sich die Herrschaft des Volkes (Demokratie) durch. In dieser Zeit entstehen bedeutende Werke der Kunst, Literatur und Philosophie.*
334-323 v. Chr.	*Alexander der Große erobert das Perserreich.*

Die Welt der Hellenen

Um 1 000 v. Chr. wanderten Völker aus dem Norden nach Griechenland und Kleinasien ein und zerstörten frühgriechische Palastburgen wie die in Mykene. In der durch Gebirge geprägten Landschaft entstanden nach 800 v. Chr. zahlreiche selbstständige Stadtstaaten (→ *Polis*).

Trotz verschiedener Herkunft und Herrschaft sahen sich die Stämme der Ionier, Dorer und Achaier aufgrund ihrer verwandten Sprache, Religion und Dichtung (→ *Homer*) als kulturelle Einheit. Sie nannten sich Hellenen. Das wichtigste Götterfest fand alle vier Jahre in Olympia zu Ehren von → *Zeus* und → *Hera* statt: die → *Olympischen Spiele*.

Die wachsende Bevölkerung und der geringe Ertrag des Bodens zwangen die Griechen seit dem 8. Jh. v. Chr., neues Siedlungsland zu suchen. An den Küsten des Schwarzen Meeres und des Mittelmeeres gründeten sie bis zum 6. Jh. v. Chr. zahlreiche Tochterstädte (→ *Kolonisation*). Die Verbindungen zur Mutterstadt förderten Seefahrt, Schiffbau und Handel und die Verbreitung der gemeinsamen Kultur.

Kriegerstaat Sparta und athenische Demokratie

Unter den griechischen Stadtstaaten ragten im 5. Jh. v. Chr. zwei heraus: Sparta als stärkste Landmacht auf der Halbinsel Peloponnes und Athen als führende Seemacht.

In Sparta standen zwei → *Könige* an der Spitze des Staates, die ihr Amt vererbten. Sie vertraten die Polis vor den Göttern und führten das Heer. Mädchen und Jungen wurden → *„spartanisch"* erzogen. Ziel der Spartaner war es, unbesiegbar zu bleiben.

Auf der Halbinsel Attika wurde die Königs- und Adelsherrschaft (→ *Monarchie* und → *Aristokratie*) schrittweise verdrängt. Unter → *Perikles* wurde bis Mitte des 5. Jahrhunderts v. Chr. in Athen eine neue Staatsform entwickelt, die → *Demokratie*. Jeder Vollbürger Athens konnte sich am politischen Leben sowie an der Rechtsprechung beteiligen. In der Volksversammlung hatten alle wehrfähigen Bürger das gleiche Stimmrecht.

Keine Bürgerrechte standen den Frauen zu, die anders als in Sparta zurückgezogen im Haus lebten. Männer und Frauen verehrten die Götter gemeinsam, unter ihnen die Stadtgöttin → *Athene*.

Zu den Nichtbürgern Athens zählten die eingewanderten „Mitbewohner" (Metöken) und die → *Sklaven*. Etwa jeder zehnte Bewohner war ein Metöke, jeder dritte ein Sklave.

Griechische Gelehrte fragten nach dem Ursprung des Kosmos und der Welt, und Philosophen wie → *Sokrates*, der im 5. Jh. v. Chr. in Athen lebte, suchten Antworten auf die Grundfragen des Lebens. Ihr Denken steht am Anfang der europäischen Geistesgeschichte. Ihre überlieferten Werke wirken noch heute.

Die Bedrohung durch das Perserreich und dessen Eroberung

Als der persische Großkönig Dareios I. seine Macht über Vorderasien und Ägypten hinaus auf Europa ausdehnen wollte, wehrten die griechischen Stadtstaaten unter Führung Athens den Angriff durch ihre Siege bei Marathon (490 v. Chr.) und Salamis (480 v. Chr.) ab. Wenige Jahrzehnte nach ihrem Erfolg gegen die Perser kämpften Athen und Sparta im Peloponnesischen Krieg (431-404 v. Chr.) gegeneinander um die Vorherrschaft in Griechenland. Sparta siegte, blieb aber zu schwach, um auf Dauer ganz Griechenland zu beherrschen. Rund 50 Jahre später geriet das Land unter den Einfluss König Philipps II. von Makedonien. Dessen Sohn → *Alexander der Große* nutzte die innere Schwäche des persischen Großreiches und eroberte es ab 334 v. Chr. Er schuf die Voraussetzungen für den → *Hellenismus*, die Verbreitung der griechischen Kunst und Kultur in der → *Antike*. Alexanders Weltreich zerfiel nach seinem Tod 323 v. Chr. unter seinen Nachfolgern (Diadochen) in das Ptolemäerreich in Ägypten, das Seleukidenreich in Syrien und einem Teil Vorderasiens sowie das Antigonidenreich in Makedonien. Sie wurden im 1. Jh. v. Chr. römische Kolonien.

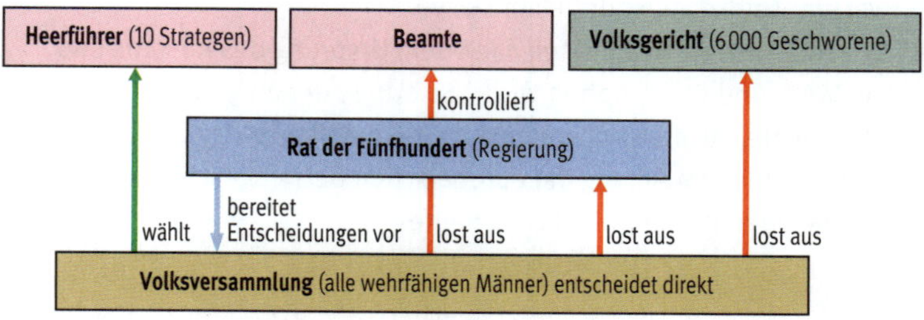

Athen zur Zeit des Perikles.

Die römische Antike

753 v. Chr.	*Rom wird der Sage nach gegründet.*
um 500 v. Chr.	*Rom wird Republik.*
1. Jh. v. Chr.	*Die Herrschaftsordnung ändert sich: Rom wird allmählich zur Monarchie.*
44 v. Chr.	*Caesar wird von Anhängern der Republik ermordet.*
31 v. Chr.- 14 n. Chr.	*Octavian/Augustus herrscht über das Römische Reich und begründet ein Kaiserreich.*
um 300	*Die „Völkerwanderung" beginnt.*
391	*Das Christentum wird alleinige Staatsreligion im Römischen Reich.*
395	*Das Römische Reich wird in einen westlichen und östlichen Herrschaftsbereich aufgeteilt.*
476	*Mit der Absetzung des letzten Kaisers endet das Weströmische Reich.*

Vom Stadtstaat zum Weltreich

Siedlungsspuren auf dem Gebiet des heutigen Roms gibt es seit ungefähr 1 000 v. Chr. Unter der Herrschaft etruskischer → *Könige* entwickelte es sich zu einem bedeutenden Stadtstaat. Nach deren Sturz wurde Rom um 500 v. Chr. → *Republik*. Anfangs regierten die → *Patrizier* allein und stellten die → *Konsuln* und den → *Senat*. Im Verlauf der → *Ständekämpfe* trotzten die → *Plebejer* ihnen schrittweise Rechte ab, weil die Patrizier sie als Arbeitskräfte und Soldaten benötigten. Künftig bildeten die etwa 30 einflussreichsten Familien der Patrizier und Plebejer die Führungsschicht (Nobilität).

Bis zum 3. Jh. v. Chr. erkämpften sich die Römer die Herrschaft über Italien. Später unterwarfen sie ihre Nachbarn. Karthago wurde als Konkurrent im westlichen Mittelmeer ausgeschaltet. Mit der Eroberung der hellenistischen Staaten im 2. und 1. Jh. v. Chr. beherrschten die Römer auch das östliche Mittelmeer. Die eroberten Gebiete machten sie zu → *Provinzen*, in denen sie ihre Sprache und Lebensweise verbreiteten (→ *Romanisierung*).

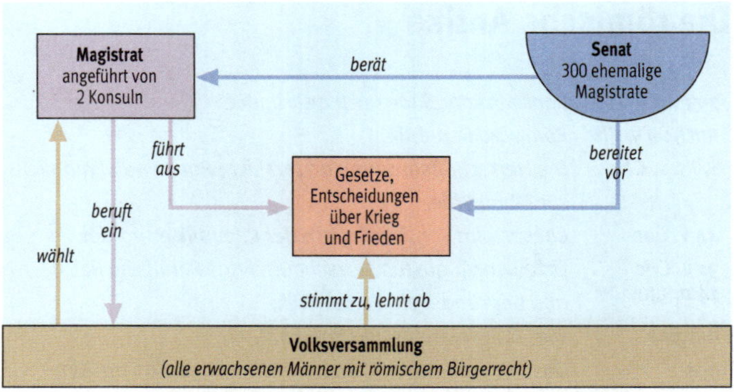

Politische Einrichtungen der Römischen Republik.

Republik in der Krise

Die zahlreichen Kriege hatten zur Verarmung der wehrpflichtigen Bauern geführt. Mit einer Landreform versuchten die Brüder Tiberius und Gaius Gracchus seit 133 v. Chr., dem Staat wieder genügend wehrfähige Bürger zu verschaffen. Sie scheiterten jedoch am Widerstand der Großgrundbesitzer. Immer mehr besitzlose Bauern wanderten in die Städte ab.

Nach Niederlagen gegen germanische Völker führte Marius ab 104 v. Chr. eine Heeresreform durch: Aus dem Bürgerheer wurde eine Armee von Berufssoldaten. Zunehmend kämpften römische Politiker und Feldherren mit den von ihnen abhängigen Soldaten um die Macht in der Republik. Das Zeitalter der Bürgerkriege hatte begonnen.

Von der Republik zur Monarchie

Im 1. Jh. v. Chr. änderte sich die Herrschaftsordnung: Die Republik wurde allmählich zur → *Monarchie*. Dazu trug → *Caesar* bei. Nach der Eroberung Galliens und anderer Gebiete wurde er zum unumschränkten Herrscher (→ *Diktatur*) auf Lebenszeit ernannt und ließ zahlreiche → *Reformen* durchführen. Caesar ging eine Verbindung

mit → *Kleopatra VII.* ein. Anhänger der Republik ermordeten ihn im Jahre 44 v. Chr.
Die Auseinandersetzungen um Caesars Nachfolge entschied 31 v. Chr. → *Augustus* zu seinen Gunsten. Er regierte ab 27 v. Chr. das → *Imperium Romanum* wie ein König, ließ aber die republikanischen Einrichtungen (Senat, Magistrate und Volksversammlungen) bestehen (→ *Prinzipat*). Da Augustus seine Herrschaft vererben konnte, wurde er zum Begründer der Kaiserzeit (→ *Kaiser*).

Bedrohung und Zerfall des Römischen Reiches
Während der → „*Völkerwanderung*" verließen immer mehr Menschen ihre Heimat in Nord- und Ostmitteleuropa. Sie suchten bessere Lebensbedingungen oder waren von anderen Völkern vertrieben worden. Über den → *Limes* drangen sie in das Römische Reich ein. 395 n. Chr. wurde es in ein Ost- und ein Weströmisches Reich aufgeteilt. Im Osten übernahm Konstantinopel das römisch-hellenistische Erbe und wurde zum „zweiten" Rom. Das weströmische Kaisertum endete 476 n. Chr., etwa zur selben Zeit entstand das Reich der Franken.

Gesellschaft und Religion
In der römischen Gesellschaft war das älteste männliche Familienmitglied, der „pater familias", das unumschränkte Oberhaupt der Hausgemeinschaft (→ *familia*). Zu ihr gehörten seine → *Sklaven* und Schützlinge (→ *Klientel*). Nur er durfte wählen und öffentliche Ämter übernehmen. Frauen blieben in der Regel zu Hause. Sklaven, meist Kriegsgefangene, waren für Arbeit und Wirtschaft wichtig.
Es kam zu Verfolgungen der Christen, da sie den → *Polytheismus* und den Herrscherkult ablehnten. Erst Kaiser → *Konstantin I.* erkannte das → *Christentum* 313 n. Chr. als gleichberechtigte Religion an. Unter Kaiser Theodosius wurde es 391 n. Chr. alleinige → *Staatsreligion*. Die → *Christianisierung* des Römischen Reiches begann.

Im Oströmischen Reich (→ *Byzanz*) unterstand die griechisch-orthodoxe („rechtgläubige") Kirche dem Kaiser. Er betrachtete sich als Statthalter Christi (→ *Jesus Christus*) auf Erden und sorgte dafür, dass Politik und Religion, Staat und Kirche eine Einheit bildeten.
Im Weströmischen Reich hatte der → *Bischof* von Rom die Schwäche der Staatsgewalt genutzt und großen Einfluss erworben. Als → *Papst* beanspruchte er die Führung aller Christen.

Vom Imperium Romanum zum „Reich der Deutschen"

um 498	*Der fränkische König Chlodwig lässt sich mit seinem Gefolge taufen; das Reich der Franken nimmt den römisch-katholischen Glauben an.*
800	*Karl der Große wird vom Papst in Rom zum Kaiser gekrönt.*

Zu Beginn des → *Mittelalters* besiegte der fränkische → *König* → *Chlodwig* aus dem Geschlecht der Merowinger Ende des 5. Jh. in Gallien den letzten römischen Statthalter. Er ließ sich taufen und führte weitere Kriege, um das Reich der Franken zu vergrößern und den christlichen Glauben zu verbreiten (→ *Christianisierung*, → *Missionierung*). Im 8. Jh. ging die fränkische Königswürde von den Merowingern auf die Karolinger über. Sie erhielten dabei die Unterstützung vom → *Papst*, dem Oberhaupt der römischen Kirche.
Seine größte Ausdehnung und Macht erreichte das Reich der Franken unter → *Karl dem Großen*, der 800 in Rom vom Papst zum (weströmischen) → *Kaiser* gekrönt wurde. Damit gab es ein byzantinisches (östliches) und ein abendländisches (westliches) Kaisertum.
Nach Karls Tod wurde das Reich der Franken im 9. Jh. geteilt. Im Ostfränkischen Reich, dem späteren Deutschen Reich, waren die Könige ständig unterwegs. Sie reisten dorthin, wo sie ihre Herrschaft ausüben wollten. Historiker bezeichnen dies heute als → *Reisekönigtum*.

Die Herrschersitze (→ *Pfalzen*) waren über das Reich verstreut. Bei der Verwaltung und Sicherung des Reiches wurden die Könige von → *Grafen* unterstützt.
Die Könige waren vor allem bei ihren Kriegszügen auf die Unterstützung der Herzöge angewiesen, die an der Spitze der Franken, Bayern, Schwaben und Sachsen standen (→ *Stammesherzog*).
Der ostfränkische König → *Otto I.* ließ sich 962 vom Papst zum Kaiser krönen. Er erneuerte damit das durch Karl den Großen begründete abendländische Kaisertum. Mit der → *Reichskirche* schuf er eine straffe Herrschaft über sein Reich.
Die mittelalterliche Gesellschaft gliederte sich in drei Stände: die Geistlichkeit (Klerus), den → *Adel* (→ *Ritter*) und die Bauern; später zählte man auch die → *Bürger* der Städte zum Dritten Stand. Diese Ordnung (→ *Ständegesellschaft*) galt als gottgewollt. Die → *Grundherrschaft* war die wirtschaftliche Grundlage für König, Adel und Kirche. Sie verliehen Teile ihres Grundbesitzes oder einträgliche Ämter an ihre Gefolgsleute, um sich gegenseitig Rat und Hilfe zu geben sowie Schutz und Treue zu leisten (→ *Lehnswesen*).

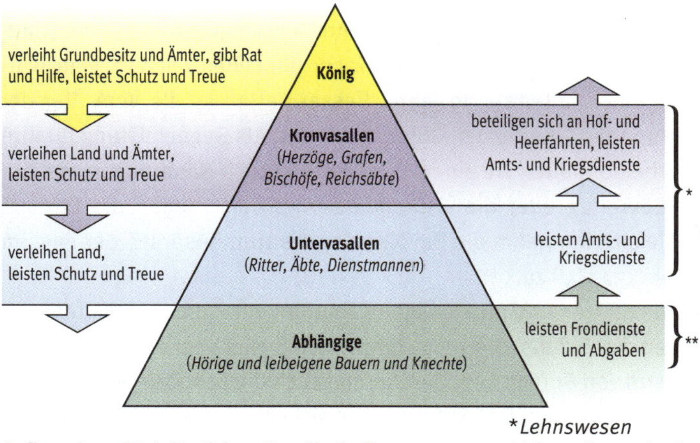

Aufbau der mittelalterlichen Gesellschaft.

**Lehnswesen*
***Grundherrschaft*

Vom Mittelalter bis zum Westfälischen Frieden

Leben im Mittelalter

seit dem 12. Jh.	*Die Zahl der Städtegründungen nimmt deutlich zu.*

Freiheit und Macht durch Land

Grundbesitz war in der → *Ständegesellschaft* des → *Mittelalters* Voraussetzung dafür, dass ein Mensch frei war und Rechte hatte. Grundlage der Herrschaft waren → *Grundherrschaft* und → *Lehnswesen* (→ *Feudalismus*).

Der Wunsch nach mehr Grundbesitz und Macht förderte die Landgewinnung: Wälder wurden gerodet, Moore und Sümpfe trockengelegt, an den Küsten wurde neues Land eingedeicht. Seit dem 11. Jh. wurde durch die → *Ostsiedlung* zusätzlich Land östlich von Elbe und sächsischer Saale erschlossen.

Mittelalterliche Lebensräume

Im Mittelalter lebten neun von zehn Menschen von und in der Landwirtschaft, fast alle als → *Leibeigene*. Ihr Leben war hart, viele wurden nicht älter als 30 Jahre. Besser hatten es die Verwalter der grundherrschaftlichen Güter: die Meier. Als Gegenleistung für ihre Arbeit erhielten sie einen → *Meierhof*. Durch Neuerungen wie den Räderpflug oder die → *Dreifelderwirtschaft* stiegen die Erträge. Gleichzeitig nahm die Bevölkerung bis zum Ausbruch der Pest im Jahr 1347/48 zu.

Aus adligen und nichtadligen Kämpfern mit Pferd und Waffen wurden die → *Ritter*. Sie verwalteten ihren Besitz oder den ihres Lehnsherrn von Burgen aus. Dort fanden auch die Landbewohner Schutz in Kriegszeiten. Das Rittertum entwickelte eine eigenständige Kul-

tur ritterlicher Ideale: Heldentum, christliches Leben und das Werben um die Liebe einer Dame (→ *Minne*). Im 14. Jh. begann der Niedergang des Rittertums. Gegen neue, stärkere Waffen konnten die Ritter sich immer schlechter verteidigen. Zudem verarmten viele, weil die Geldwirtschaft den Tauschhandel (Naturalwirtschaft) verdrängte.
Einen christlichen Lebenswandel strebten Mönche und Nonnen an (→ *Mönchtum*). Dazu zogen sie sich aus der Welt zurück, in der Regel in ein → *Kloster*. Dort lebten sie nach bestimmten Regeln. Vorbild für die meisten Mönchs- und Nonnengemeinschaften (→ *Orden*) wurde die → *Benediktinerregel* aus dem 6. Jahrhundert (→ *Benedikt von Nursia*). Sie verpflichtete die Mönche und Nonnen, arm und ehelos zu leben, ihrem Abt oder ihrer Äbtissin zu gehorchen und ihrem Kloster treu zu bleiben. Sie halfen Armen, Kranken und Pilgern. In den Klöstern gab es Schulen, Schreibstuben und Werkstätten. Zu den bedeutendsten Nonnen des Mittelalters zählt → *Hildegard von Bingen*. Ihre Schriften werden heute noch gelesen.

Leben in der Stadt

Im 12. Jh. leiteten → *Könige*, Fürsten und → *Bischöfe* eine Welle von Markt- oder Stadtgründungen ein (→ *Markt*). Als Markt- oder Stadtherren gewährten sie vor allem Kaufleuten in ihren Städten besondere Rechte (Privilegien). Die auf königlichem oder kaiserlichem Land gegründeten Städte (→ *Reichsstadt*) unterstanden direkt dem König oder → *Kaiser*. Wer in der Stadt Grundbesitz hatte, galt als freier → *Bürger*. Das → *Bürgertum* bildete bis zum Ende des 18. Jh. mit den freien Bauern den „dritten Stand" der Gesellschaft (→ *Ständegesellschaft*).
Im Laufe der Zeit änderte sich das → *Stadtrecht*. Bald regierten nicht nur die Stadtherren, sondern auch angesehene Bürger (→ *Patrizier*). Aus ihrem Kreis wurden Ratsherren und Bürgermeister gewählt, die die Stadt verwalteten. Erst im 14./15. Jh. erkämpften sich in einigen

Städten die Handwerker (➔ *Zunft*) ein Mitspracherecht in der Stadtregierung, weil sie einen erheblichen Anteil am Aufschwung der Städte hatten.
Zwischen Christen (➔ *Christentum*) und Juden (➔ *Judentum*) bestanden lange Zeit gute nachbarschaftliche Beziehungen. Erst religiöser Fanatismus und Krisen wie die ➔ *Kreuzzüge* und die Pest führten zu Verfolgung, Unterdrückung und Ausgrenzung der Juden. Im 15. Jh. entstanden in vielen Städten abgetrennte Wohnviertel (➔ *Ghetto*), in denen die jüdische Bevölkerung leben musste.

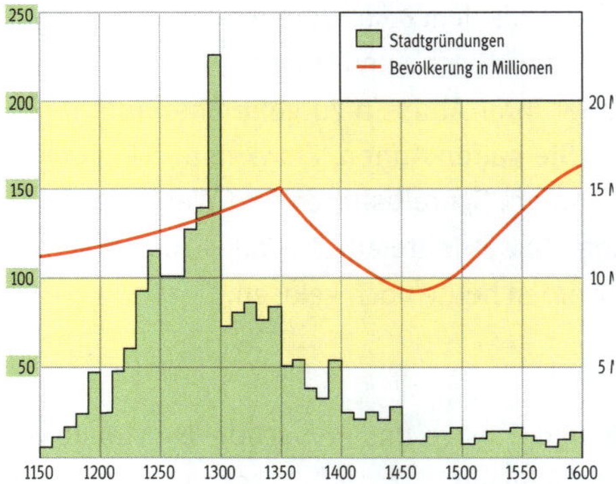

Stadtgründungen und Bevölkerungswachstum in Mitteleuropa.
Grafik aus: Ernst Bruckmüller/Peter Claus Hartmann (Hrsg.), Putzger. Historischer Weltatlas, Berlin [103]2001, S. 69

Die Hanse

Im 13. Jh. entwickelte sich aus einer Gemeinschaft von Kaufleuten im Ost- und Nordseeraum ein Städtebund: die ➔ *Hanse*. Unter Führung Lübecks erhielten die Hansestädte zahlreiche Sonderrechte. Sie machten die Hanse bis zum Ende des 15. Jh. zur stärksten wirtschaftlichen und politischen Macht im Ostseeraum und darüber hinaus. Ihr Niedergang begann, als immer mehr Landesherren die Sonderrechte aufhoben und die wirtschaftliche Konkurrenz aus England, Holland und anderen Gegenden wuchs.

Herrschaft im Namen der Religion?

622 *Der Prophet Mohammed flieht von Mekka nach Medina; die islamische Zeitrechnung beginnt.*
732 *Die Franken besiegen das muslimische Heer bei Tours und Poitiers.*
1077 *Heinrich IV. leistet dem Papst Buße vor der Burg Canossa; Höhepunkt des Investiturstreits.*
1096 *Der Erste Kreuzzug zur Befreiung Jerusalems von den Muslimen beginnt.*
1122 *Mit dem „Wormser Konkordat“ wird der Investiturstreit im Deutschen Reich beendet.*
1356 *Die „Goldene Bulle“ regelt die Königswahl im Deutschen Reich.*

Juden werden ausgegrenzt

Nach der Zerstörung des Jerusalemer Tempels 70 n. Chr. durch die römischen Eroberer breiteten sich jüdische Gemeinden (→ *Judentum*) über Kleinasien und Europa aus. Bis ins 11. Jh. lebten Juden und Christen (→ *Christentum*) nebeneinander. Häufig wurden jüdische Händler von den Herrschern mit besonderen Rechten (Privilegien) ausgestattet. Mit Beginn der → *Kreuzzüge* nahmen Vorurteile, Ablehnung und Ausgrenzung zu. Es kam zu grausamen Verfolgungen und Vertreibungen. Viele Juden fanden in Osteuropa eine neue Heimat.

Begegnung mit dem Islam

Anfang des 7. Jh. verkündete → *Mohammed* auf der arabischen Halbinsel eine neue Religion: den → *Islam*. Unter seinen Nachfolgern, den Kalifen, reichte das muslimische (zum Islam gehörige) Herrschaftsgebiet von Indien bis nach Spanien. 732 wurde das Vordringen der Araber ins Reich der Franken aufgehalten (Schlacht bei Tours und Poitiers).
In muslimisch regierten Gebieten auf der iberischen Halbinsel wurden Juden und Christen geduldet. Dort entstand durch gegenseitigen Austausch eine hoch entwickelte Kultur. Schließlich wurden die

Muslime aber aus Spanien zurückgedrängt („Reconquista“: Rückeroberung, bis 1492).
Als die muslimischen Seldschuken die heiligen Stätten in Palästina bedrohten, riefen die → *Päpste* zu Kreuzzügen auf. Nach dem ersten Kreuzzug (1096-1099) entstanden im Vorderen Orient Kreuzfahrerstaaten. Sie mussten Ende des 13. Jh. wieder aufgegeben werden. Trotz der Kriege kam es zum Austausch zwischen Juden, Christen und Muslimen zum Vorteil des Handels und der Wissenschaften (Philosophie, Medizin und Mathematik) im Abendland.

Papst oder Kaiser?
Fast das gesamte → *Mittelalter* hindurch stritten Päpste, → *Könige* und → *Kaiser*, wem die größere Macht zukomme. Höhepunkt war der → *Investiturstreit*: Die Päpste bestritten den weltlichen Herrschern das seit → *Otto I.* beanspruchte Recht, → *Bischöfe* und Äbte einzusetzen. Im Konflikt zwischen → *Heinrich IV.* und Papst → *Gregor VII.* konnte Heinrich mit dem → *„Gang nach Canossa“* (1077) den → *Bann* des Papstes lösen und damit seine Königswürde retten. Im → *Heiligen Römischen Reich Deutscher Nation* regelte ein Vertrag zwischen Papst und Herrscher den Konflikt: das „Wormser Konkordat“ (1122).

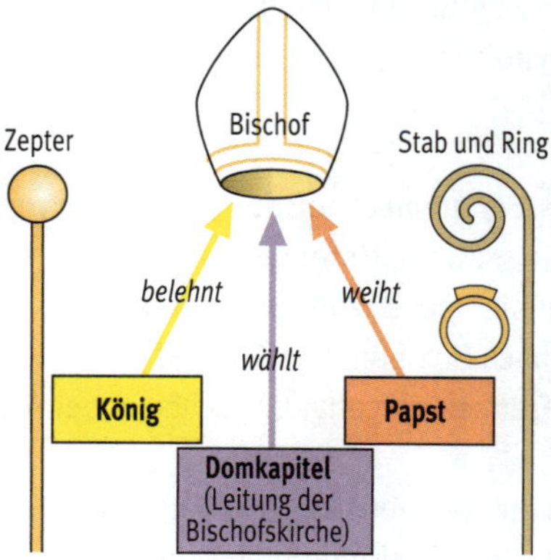

Das „Wormser Konkordat“ 1122.

Der römisch-deutsche König verzichtete darauf, Bischöfe, Äbte und Äbtissinnen in ihr geistliches Amt einzusetzen, behielt sich aber die Verleihung weltlicher Rechte vor. Damit wurde die Trennung von Kirche und Staat eingeleitet.

Kaiser und Fürsten ringen um die Macht

Auch mit den Fürsten stritt der Kaiser um die Macht im Reich. In Norddeutschland hatte → *Heinrich der Löwe* im 12. Jh. zulasten des → *Adels* und der Kirche eine überragende Stellung errungen. Nachdem er Kaiser Friedrich I. Barbarossa seine Hilfe im Kampf gegen die italienischen Städte verweigert hatte, verlor er dessen Rückhalt. Heinrich wurden die Herzogtümer Sachsen und Bayern entzogen.
Kaiser → *Friedrich II.* aus der Familie der → *Staufer* gilt als der außergewöhnlichste Herrscher des späten Mittelalters. Er war in Aachen zum römisch-deutschen König und in Rom zum Kaiser gekrönt worden. Sein Lebensmittelpunkt aber war Sizilien. Seine Herrschaftsansprüche vertrat er gegenüber den norditalienischen Städten ebenso unnachgiebig wie gegenüber dem Papst, der ihn dafür sogar mit dem Bann belegte. Sein „Gesetz zugunsten der Fürsten" von 1231/32 stärkte die Fürsten im Reich. Sie konnten allmählich ihre Herrschaftsgebiete zu → *Territorialstaaten* ausbauen und unabhängig regieren. Aus → *Vasallen* des Königs wurden eigenständige Landesherren.
Während die → *Monarchie* in England und Frankreich erblich wurde, blieb das Heilige Römische Reich Deutscher Nation eine Wahlmonarchie. Der gewachsene Einfluss der → *Kurfürsten* auf die Wahl des Königs wurde 1356 in der → „*Goldenen Bulle*" festgehalten.
Weltliche und geistliche Fürsten riefen seit dem 11. Jh. dazu auf, im Osten zu siedeln (→ *Ostsiedlung*). Der Deutsche Orden eroberte und missionierte seit dem 13. Jh. weite Gebiete östlich der Weichsel (→ *Missionierung*) und errichtete dort seine Herrschaft, die er zu Beginn des 15. Jh. schrittweise wieder verlor. Im 16. Jh. ging der Ordensstaat im Herzogtum Preußen auf.

Neues Denken – neue Welten

1350-1600	*Die Zeit der Renaissance: Die Antike wird wiederentdeckt.*
um 1450	*Johannes Gutenberg erfindet in Mainz das Drucken mit beweglichen Buchstaben aus Metall.*
1453	*Die Osmanen erobern Konstantinopel; damit endet die Geschichte des Byzantinischen Reiches.*
1492	*Christoph Kolumbus landet in Amerika. Die Zeit der europäischen Entdeckungen und Eroberungen beginnt.*

Krisen und Katastrophen

Kriege, Naturkatastrophen und daraus entstehende Hungerkrisen veränderten im 14. Jh. die Gesellschaft und Wirtschaft in Europa. Eine der größten Katastrophen war die Pest von 1347/48. An ihr starb in nur vier Jahren rund ein Drittel der europäischen Bevölkerung.
Die Pest wurde auch als Strafe Gottes verstanden. Aufgrund unberechtigter Anschuldigungen wurden Juden verfolgt und ermordet.
Damals zogen immer mehr Menschen vom Land in die Stadt, wo nach der Pest Arbeitskräfte gefragt waren. Viele Grundherren und Bauern konnten nicht mehr vom Ertrag ihrer Höfe leben. Ganze Landstriche verfielen.

Ideen und Entdeckungen

Kunst und Glaube veränderten sich. Griechische und römische Vorbilder der → *Antike* beeinflussten die Künstler und Gelehrten des → *Humanismus* und der → *Renaissance*. Sie sahen im Menschen den Mittelpunkt der von Gott geschaffenen Welt. Nicht mehr allein die Geburt in einen Stand (→ *Ständegesellschaft*) sollte über das Leben eines Menschen entscheiden, sondern jeder Mensch sollte für sein Leben verantwortlich sein und seine Fähigkeiten entfalten können.
Die von → *Johannes Gutenberg* um 1450 in Mainz erfundenen beweglichen Buchstaben aus Metall (Lettern) beschleunigten die Buchherstellung und machten sie billiger. Deshalb konnten in der

→ *Neuzeit* immer mehr Menschen wissenschaftliche, politische und religiöse Ideen kennenlernen.
Der Astronom → *Nikolaus Kopernikus* veröffentlichte 1543 seine Überzeugung, dass die Erde sich wie die anderen Planeten um die Sonne drehe (→ *heliozentrisches Weltbild*). Aber erst → *Galileo Galilei* konnte Anfang des 17. Jh. die neue Lehre mit naturwissenschaftlichen Methoden beweisen. Das brachte ihn in einen Konflikt mit der katholischen Kirche. Für sie sollte die von Gott geschaffene Erde der Mittelpunkt aller Vorstellungen bleiben (→ *geozentrisches Weltbild*).

Schiffsreisen und Eroberungen

1453 eroberten osmanische Truppen Konstantinopel. Muslime übernahmen die Macht im christlichen Byzantinischen Reich, dem ehemaligen Oströmischen Reich. Konstantinopel hieß jetzt Istanbul (→ *Byzanz*). Das Osmanische Reich bedrohte bis zum Beginn des 18. Jh. die Macht der christlichen Staaten Europas.
In Europa waren Gewürze, Seide und andere wertvolle Güter aus dem Orient und aus Asien sehr gefragt. Ihr Transport auf dem Land war langwierig, unsicher und teuer. Nach der Eroberung Konstantinopels kontrollierten die Osmanen die alten Handelsstraßen nach Asien. Deshalb suchten die europäischen Staaten am Mittelmeer und am Atlantik einen Seeweg nach Indien.
Mit diesem Ziel und im Bewusstsein, dass die Erde eine Kugel sei, segelte → *Christoph Kolumbus* im Auftrag der spanischen Krone auf dem Atlantik nach Westen. Er landete 1492 allerdings nicht in Indien, wie er annahm, sondern in Amerika.
Auf der Fahrt um das südliche Afrika erreichte der Portugiese Vasco da Gama 1498 tatsächlich Indien. Sein Landsmann Ferdinand Magellan versuchte ab 1519 erneut, den westlichen Weg nach Indien zu finden. Er überlebte die Reise nicht, aber einigen Mitgliedern seiner Expedition gelang die erste Weltumsegelung.
Aus Entdeckern wurden wenig später Eroberer: Die Europäer zerstörten die Kulturen der → *indigenen Völker* Amerikas. Sie zwangen

ihnen mit Gewalt ihre Lebensweise und Religion auf und schleppten verheerende Krankheiten ein.
Die intensive Nutzung der Natur- und Bodenschätze veränderte die Umwelt der eroberten Länder. Der etwa gleichzeitig in Europa entstandene Frühkapitalismus (→ *Kapitalismus*) verschärfte ihre wirtschaftliche Ausbeutung. Dabei ging es nicht um gerechte Löhne und Preise, sondern um einen möglichst hohen Gewinn für die Großkaufleute und Unternehmer. Um das notwendige Kapital für die Verarbeitung der Bodenschätze bereit zu stellen, gründeten oft mehrere Eigentümer neue Gesellschaften, für die sie Geld, Produktions- und Transportmittel zusammenlegten.

Kampf um den Glauben?

1517	*Martin Luther stellt seine 95 Thesen gegen den Ablass zur Diskussion; die Reformation beginnt.*
1524/5	*Der große Bauernkrieg: Ländliche und städtische Unterschichten erheben sich.*
1555	*Der Augsburger Religionsfrieden bestätigt die Spaltung zwischen Katholiken und Protestanten.*
1618-1648	*Aus einem regionalen Konflikt mit konfessionellem Hintergrund wird ein 30 Jahre dauernder europäischer Machtkampf.*

Von der Kritik an der Kirche zur Reformation

Im 15. Jh. häuften sich die Vorwürfe gegen → *Papst*, → *Bischöfe*, Priester und Äbte, sie seien ungebildet, missbrauchten ihre Macht und lebten in Luxus, statt sich um ihre geistlichen Aufgaben zu kümmern. Viele Gläubige fürchteten, nach dem Tod als Sünder im Fegefeuer leiden zu müssen, bevor sie in den Himmel kommen würden. Die Kirche erließ den Menschen immer häufiger ihre Sündenstrafen gegen Geld. Daran entzündete sich 1517 die Kritik → *Martin Luthers*.

Er war davon überzeugt, dass niemand aus eigener Kraft die Vergebung seiner Sünden erlangen könne, sondern allein durch sein Vertrauen auf Gott. Seine 95 Thesen gegen den → *Ablasshandel* machten ihn für die Kirche zum Ketzer und leiteten die → *Reformation* ein. Mithilfe des noch neuen Buchdrucks (→ *Gutenberg*) wurden Luthers neue Glaubensvorstellungen schnell und weit verbreitet. Sein Streit mit der Kirche spitzte sich zu, als er vor → *Karl V.* erklärte, der Papst und die Kirchenversammlungen (Konzilien) könnten irren. Maßstab des Glaubens sei für ihn allein die Bibel und die darin enthaltene Frohe Botschaft von → *Jesus Christus* (Evangelium). Luthers Ideen wirkten auf viele.
1521 schloss der Papst Luther aus der Kirche aus (→ *Bann*), danach verhängte der Kaiser auf dem Wormser Reichstag über ihn und seine Anhänger die → *Reichsacht*. Diese wurde aber nie vollstreckt, da Luther den Schutz seines Landesherrn genoss.

Die Macht der Landesherren und die Spaltung der Reformation

Bereits im 14. und 15. Jh. kam es zu Aufständen gegen Grund- und Stadtherren. Ursachen waren die schlechten Lebens- und Arbeitsbedingungen der Unterschichten. 1524/5 brachen größere Unruhen aus, die sich zum „Bauernkrieg" ausweiteten. Bauern und städtische Unterschichten begründeten ihre Forderungen religiös und beriefen sich auf Luthers Lehre. Dieser aber sah die öffentliche Ordnung gefährdet und stellte sich auf die Seite der Obrigkeit. Söldnerheere schlugen die regionalen Aufstände nieder.
Mehrere Landesfürsten und → *Reichsstädte* schlossen sich der Reformation an. Die → *Kirchenspaltung* war nicht mehr zu verhindern. Der Augsburger Religionsfrieden bestätigte sie. Die Landesfürsten bestimmten von nun an die → *Konfession* ihrer Untertanen nach dem Grundsatz: „Cuius regio, eius religio" („Wessen das Land, dessen die Religion").
Auch die von Luther ins Leben gerufene Bewegung spaltete sich. Reformatoren wie Zwingli und Calvin gaben der neuen Lehre ein eige-

nes Gepräge. Sie stellten besonders strenge Glaubensmaßstäbe für das private und öffentliche Leben auf. Durch die Reformation veränderte sich aber auch die katholische Kirche. Das Konzil von Trient (1545-1563) legte ihre Glaubensaussagen und Gebräuche neu fest.

Folgen der konfessionellen Uneinigkeit

Folgen der Glaubensspaltung waren die Abgrenzung der Konfessionen und zahlreiche Glaubenskriege. Was als regionaler Konflikt in Böhmen 1618 begann, entwickelte sich im Dreißigjährigen Krieg zu einem Kampf um religiöse und politische Macht. Zu den einflussreichsten Feldherren zählte → *Albrecht von Wallenstein*. Für die Menschen in vielen Teilen Europas brachte der Krieg Hunger, Gewalt und Tod.

Der → *Westfälische Frieden* bestätigte weitgehend den Augsburger Religionsfrieden. Darüber hinaus festigte er Frankreichs und Schwedens Macht. Das → *Heilige Römische Reich Deutscher Nation* blieb ein lockerer Verbund vieler Einzelstaaten.

Mit den neuen Konfessionen endete die Furcht vor dem leibhaftigen Teufel nicht. In bestimmten katholischen und protestantischen Gebieten wuchs sie sogar. Dies zeigte sich in den Hexenverfolgungen, denen tausende Frauen und Männer zum Opfer fielen.

Vom Absolutismus bis zur Industrialisierung

Absolutismus und Aufklärung

1661-1715	*Ludwig XIV. regiert Frankreich absolutistisch.*
1689	*Das englische Parlament legt die „Bill of Rights“ fest; England wird konstitutionelle Monarchie.*
1689-1725	*Zar Peter I. herrscht in Russland autokratisch.*
1740-1780	*Maria Theresia ist Erzherzogin von Österreich, Königin von Ungarn und Böhmen und regiert ab 1765 gemeinsam mit ihrem Sohn Joseph II. als Kaiserin.*
1740-1786	*Friedrich II., der Große, regiert in Preußen im Sinne des aufgeklärten Absolutismus.*
1772-1795	*Österreich, Russland und Preußen teilen Polen unter sich auf.*

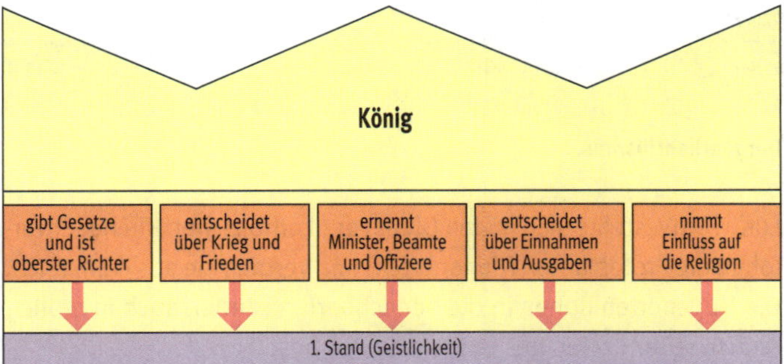

Die absolutistische Herrschaft unter Ludwig XIV.

Ludwig XIV.

Der französische → *König* → *Ludwig XIV.* (der „Sonnenkönig“) regierte sein Land absolutistisch (→ *Absolutismus*), das heißt ohne besondere Rücksicht auf die alten Stände zu nehmen (→ *Ständegesellschaft*). Klerus und → *Adel* hatten an Einfluss verloren. Vom König abhängige Beamte und das → *stehende Heer* stützten seine Herrschaft. Der Monarch (→ *Monarchie*) erließ nach Beratungen mit dem Staatsrat die Gesetze. Für sein Tun fühlte er sich nur gegenüber Gott verantwortlich (→ *Gottesgnadentum*).

Seine absolutistische Wirtschaftspolitik, der → *Merkantilismus*, förderte Handel und Gewerbe (→ *Manufaktur*). Sie brachte dem Staat dringend benötigte Einnahmen und trug zum weiteren Aufstieg des → *Bürgertums* bei. Der größte Teil des Volkes lebte aber in ärmlichen Verhältnissen.

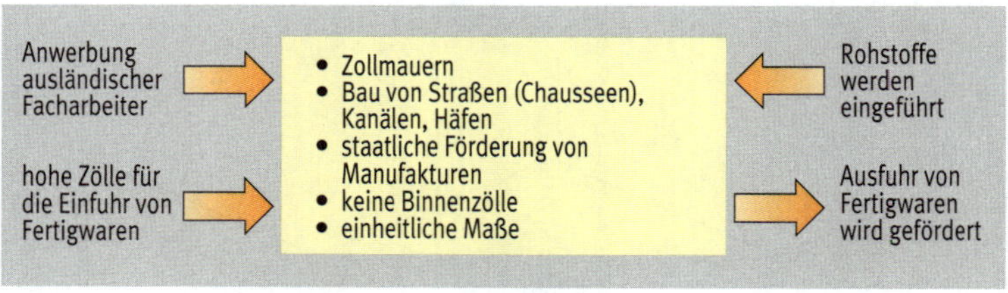

Der Merkantilismus.

Ludwig XIV. stellte sich in den Dienst der katholischen Kirche. Er verfolgte die Protestanten (Hugenotten) und vertrieb sie aus Frankreich. Die Hugenotten flohen in die benachbarten Länder, auch in protestantische Territorien des Deutschen Reiches.

Außenpolitisch strebte Frankreich die Vorherrschaft (→ *Hegemonie*) auf dem Kontinent an. Dagegen wehrte sich vor allem England. Es verfolgte eine → *Gleichgewichtspolitik* (balance of power): Keine Macht sollte wesentlich stärker sein als eine andere.

Der Barock

Die europäischen Fürsten übernahmen aus Italien einen festlichen und farbenfrohen Kunststil: den Barock. Er prägte vom Ende des 16. bis zur Mitte des 18. Jh. Schlösser, Kirchen und Kunstwerke. Vorbild für die barocke Herrschaftsarchitektur in ganz Europa wurden Schloss und Garten von Versailles.

In England entsteht die konstitutionelle Monarchie

In England scheiterte das Streben der Könige nach einer absolutistischen Herrschaft am Widerstand des → *Parlaments*, das seit dem 14. Jh. bestand. Nach der Hinrichtung König Karls I. 1649 entstand für kurze Zeit eine → *Republik*. Am Ende der unblutigen → *Revolution*, der „Glorious Revolution" („Glorreiche Revolution"), legte 1689 die „Bill of Rights" Rechte und Pflichten des Parlaments und der Könige fest. Sie machte England zur → *konstitutionellen Monarchie*.

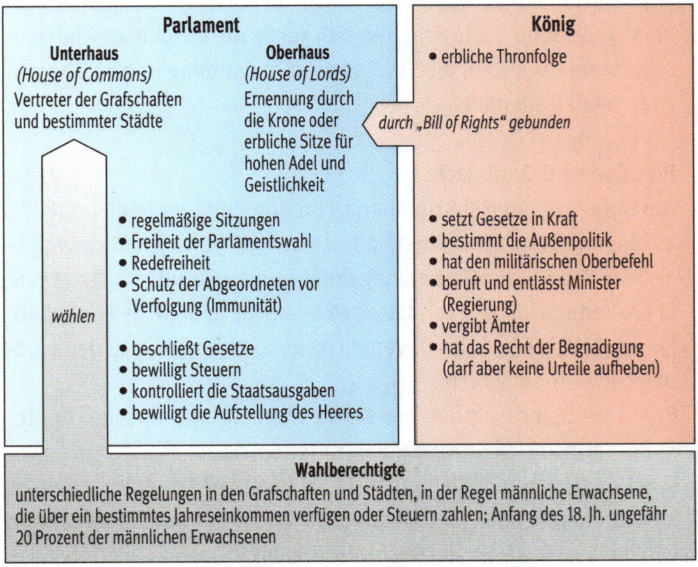

Die konstitutionelle Monarchie in England.

Russland wird europäische Großmacht

Seit dem Ende des 17. Jh. modernisierte Zar Peter I. Russland nach westeuropäischem Vorbild. Als Autokrat (Alleinherrscher) duldete er keinen Widerspruch. Unter seiner Führung eroberte Russland in zahlreichen Kriegen einen Zugang zur Ostsee und die Hegemonie über Osteuropa.

Aufklärung – Herrschaft der Vernunft

Seit dem späten 16. Jh. lösten sich immer mehr Gelehrte von dem → *Weltbild* der Bibel. Stattdessen vertrauten sie auf die genaue Beobachtung der Natur und die menschliche Vernunft. Auch für Frieden sowie für die Freiheit und Gleichheit aller Menschen setzten sie sich ein. Mit ihnen begann im 17. Jh. die → *Aufklärung*. Nach Aufklärern wie → *Immanuel Kant* sollten weder Gewohnheit noch Voreingenommenheit das Denken beeinflussen.
Während der Aufklärung entstanden in England und Frankreich auch neue Staatslehren. Sie richteten sich gegen die absolutistische Herrschaft und forderten, die Staatsgewalt aufzuteilen und zu überwachen (→ *Gewaltenteilung*).

Preußen wird Großmacht

Die Hohenzollern-Herrscher hatten Brandenburg-Preußen im 18. Jh. zu einer Militärmacht gemacht. In seinem Regierungsstil vereinigte → *Friedrich II., der Große,* aufgeklärte und absolutistische Ideen. Er eroberte Schlesien von Österreich und verteidigte es im Siebenjährigen Krieg (1756-1763). Von da an gehörte Preußen zu den europäischen Großmächten.
Preußen, Österreich unter → *Maria Theresia* und Russland unter → *Katharina II., der Großen,* vergrößerten zwischen 1772 und 1795 ihre Herrschaftsgebiete, indem sie Polen in drei Schritten unter sich aufteilten. Der polnische Staat verschwand damit vorübergehend von der Landkarte (→ *Polnische Teilungen*).

Das Zeitalter der bürgerlichen Revolutionen

4. Juli 1776	*13 nordamerikanische Kolonien erklären ihre Unabhängigkeit von England.*
1789	*Mit dem Sturm auf die Bastille am 14. Juli erfasst die Französische Revolution Paris; am 26. August werden die Menschen- und Bürgerrechte verkündet.*
1791	*Frankreich erhält die erste Verfassung und wird konstitutionelle Monarchie.*
1803	*Nach französischem Vorbild werden im Heiligen Römischen Reich Deutscher Nation geistliche Herrschaftsbereiche aufgelöst; die Territorialherren entziehen der Kirche ihren Landbesitz (Säkularisation).*
1806	*Napoleon gründet den Rheinbund; das Heilige Römische Reich Deutscher Nation wird aufgelöst.*
1813	*In der Völkerschlacht bei Leipzig verlieren die napoleonischen Truppen.*
1814/15	*Auf dem Wiener Kongress werden die Staaten Europas neu geordnet; der Deutsche Bund entsteht.*
1830	*Julirevolution in Frankreich: Der bisherige König muss wegen seiner restaurativen Politik abdanken; eine liberale Monarchie entsteht.*
1848/49	*Nach der Märzrevolution wird eine deutsche Nationalversammlung gewählt; sie tagt in der Frankfurter Paulskirche und arbeitet eine Verfassung für einen deutschen Staat aus.*

Aus Englands Kolonien werden die Vereinigten Staaten von Amerika

Seit dem 17. Jh. wanderten immer mehr Europäer, darunter viele Engländer, aus politischen, wirtschaftlichen und religiösen Gründen nach Nordamerika aus. An der Ostküste entstanden Kolonien, die sich weitgehend selbst verwalteten (→ *Kolonisation*). Zum Streit zwischen den Kolonisten und dem englischen Mutterland kam es über die Frage, ob das englische → *Parlament* in London berechtigt sei,

Steuern und Zölle zu erheben, ohne dass die Siedler dort Abgeordnete stellen konnten.
1776 erklärten sich 13 nordamerikanische Kolonien für unabhängig. Es folgte ein bis 1783 dauernder Unabhängigkeitskrieg. In den Kolonien gaben sich die → *Bürger* → *Verfassungen*, die → *Menschen- und Bürgerrechte* enthielten und die → *Gewaltenteilung* festschrieben. Die gegen England siegreichen Kolonien gründeten die Vereinigten Staaten von Amerika und gaben sich 1787 eine gemeinsame Bundesverfassung. Eine neue → *Nation* war entstanden. In dieser demokratischen → *Republik* erhielt der Präsident eine starke Stellung. Alle Macht sollte vom Volk ausgehen (→ *Volkssouveränität*).

Die Französische Revolution
In Frankreich gab es Spannungen zwischen den beiden ersten Ständen Klerus und → *Adel*, die zahlreiche Privilegien genossen, und dem dritten Stand der Bürger und Bauern (→ *Bürgertum*, → *Ständegesellschaft*), der immer höhere Abgaben leisten musste. Die Unterstützung der nordamerikanischen Kolonien in ihrem Unabhängigkeitskampf von England hatte die Staatsfinanzen endgültig zerrüttet. Die Staatsverschuldung zwang den → *König*, eine → *Reform* des Steuerwesens vorzubereiten. Die fehlenden politischen Rechte der Stände, soziale und wirtschaftliche Probleme und veränderte Vorstellungen von Herrschaft (→ *Gewaltenteilung*, → *Aufklärung*) verstärkten die Unzufriedenheit vieler Franzosen. Nachdem sich Vertreter der Stände am 17. Juni 1789 zur → *Nationalversammlung* erklärt hatten und eine Verfassung ausarbeiten wollten, begann mit dem Sturm auf die Bastille, dem alten Staatsgefängnis, am 14. Juli die städtische → *Revolution*. Gleichzeitig erhoben sich auf dem Land die Bauern, um sich von den Lasten der → *Grundherrschaft* (Feudallasten) zu befreien.
In Verlauf der → *Französischen Revolution* wurde Anfang August die Leibeigenschaft (→ *Leibeigene*) beendet. Die Bauern konnten sich

von den Abgaben an den Grundherrn freikaufen. Am 26. August 1789 verkündete die Nationalversammlung die Menschen- und Bürgerrechte. Bis 1793 wurden alle Rechte der Grundherren abgeschafft und damit die ständische Gesellschaftsordnung aufgelöst. 1791 leistete der König seinen Eid auf die Verfassung. Aus einer absolutistischen (→ *Absolutismus*) war eine → *konstitutionelle Monarchie* geworden.
Nach einem Fluchtversuch des Königs und seiner darauffolgenden Absetzung wurde im September 1792 eine Republik errichtet. Sie stand zunächst unter dem Einfluss des Großbürgertums, dann unter dem der städtischen Volksbewegung, der Sansculotten. Die Regierenden versuchten, die Volksbewegung mit sozialen Reformen und Zwang zu kontrollieren. Gleichzeitig mobilisierten sie die Armee für den Kampf gegen die → *Monarchien* Österreich und Preußen, die (wie später auch England) durch einen Krieg gegen Frankreich die Revolution beenden wollten. In dieser Phase der Revolution entstand unter → *Maximilien de Robespierre* die Schreckensherrschaft der Jakobiner, einem Zusammenschluss von Gegnern der Monarchie: Zehntausende wurden aus politischen Gründen hingerichtet.
Die Revolution in Paris fand von Anfang an Bewunderer in den deutschen Staaten. Durch den 1792 begonnenen Krieg Frankreichs gegen Österreich und Preußen waren deutsche Gebiete auch militärisch betroffen.

Napoleon beherrscht Europa

1799 kam der populäre General → *Napoleon Bonaparte* mit einem Staatsstreich an die Macht. Er beendete die Revolution, befriedete das Land, änderte die Verfassung und krönte sich 1804 selbst zum → *Kaiser*. Im selben Jahr erließ er ein wegweisendes Gesetzbuch, den „Code civil", der das europäische Recht bis heute beeinflusst.
Napoleons Bündnis- und Eroberungspolitik hatte das Ziel, Frankreichs Vorherrschaft (→ *Hegemonie*) in Europa durchzusetzen. Sie trug nach 1803 zur → *Säkularisation* in den Staaten des → *Heiligen*

Römischen Reiches Deutscher Nation bei. Auf Napoleons Anregung hin wurde 1806 der Rheinbund aus 16 deutschen Staaten unter französischer Führung gegründet. Das war das Ende des jahrhundertealten Heiligen Römischen Reiches Deutscher Nation. Um die englische Wirtschaft und seine Gegner zu schwächen, verhängte Napoleon 1806 die → *Kontinentalsperre*.

In Preußen wurden nach der vernichtenden Niederlage gegen Napoleon (1806) von → *Heinrich Reichsfreiherr vom und zum Stein* und → *Karl August von Hardenberg* ab 1807 grundlegende Reformen in Wirtschaft, Verwaltung, Militär und Bildung eingeleitet (→ *Preußische Reformen*). Sie sollten Preußens Wiederaufstieg zur Großmacht fördern.

Napoleon zwang seine Verbündeten 1812 zu einem gemeinsamen Angriff auf Russland. Doch die „Große Armee" scheiterte und zog sich zurück. Ein Jahr später wurden die napoleonischen Truppen in der Völkerschlacht bei Leipzig von verbündeten österreichischen, preußischen, russischen und schwedischen Truppen besiegt. Der Rheinbund löste sich auf und Napoleon musste 1814 abdanken. Im März 1815 konnte er seine Macht für rund 100 Tage wiedergewinnen. In der Schlacht von Waterloo südlich von Brüssel im Juni 1815 verlor er sie endgültig.

Europa wird auf dem Wiener Kongress neu geordnet

Der → *Wiener Kongress* stellte auf dem Kontinent das Gleichgewicht der Großmächte Großbritannien, Russland, Frankreich, Österreich und Preußen wieder her (→ *europäisches Gleichgewicht*). Die Nachfolge des Heiligen Römischen Reiches Deutscher Nation trat 1815 der → *Deutsche Bund* an. Dieser lockere Staatenbund enttäuschte alle, die einen deutschen → *Nationalstaat* mit einer starken Zentralgewalt wollten.

Um die auf dem Wiener Kongress erneuerte monarchische Staatsordnung abzusichern, schlossen sich Preußen, Russland und Österreich zur → *Heiligen Allianz* zusammen. Unter Führung von

→ *Klemens Wenzel Fürst von Metternich* unterdrückten die Regierungen des Deutschen Bundes die nationalen und liberalen Bewegungen (→ *Liberalismus*, → *Nationalismus*). Man versuchte die vorrevolutionären Verhältnisse wiederherzustellen (→ *Restauration*). Studentische Burschenschaften, die ein vereintes Deutschland gefordert hatten, wurden verboten, die Versammlungsfreiheit eingeschränkt und die Zensur eingeführt.
Nach der Julirevolution von 1830 in Frankreich kam es in mehreren Ländern Europas und in einigen deutschen Staaten zu Aufständen. Höhepunkte der deutschen Oppositionsbewegung waren das Hambacher Fest 1832, eine Massenkundgebung für die Einheit und Freiheit Deutschlands, und der Protest der → *„Göttinger Sieben“* 1837 gegen den Verfassungsbruch von König Ernst August II. von Hannover.

Auf die Restaurationspolitik folgt die Revolution von 1848/49
Die Revolutionen des Jahres 1848 gingen wieder von Frankreich aus. Soziale, nationale und liberale Forderungen waren in vielen europäischen Staaten die Ursachen für Aufstände gegen die Herrschenden. Fast überall wurden Regierungen umgebildet und Reformen eingeleitet. Die Unruhen in den deutschen Staaten begannen im März 1848 („Märzrevolution“). Im Mai 1848 trat das erste gewählte gesamtdeutsche Parlament in Frankfurt am Main zusammen. Die Abgeordneten erarbeiteten eine Reichsverfassung, deren Grundrechte bis heute vorbildlich sind. Doch der angestrebte kleindeutsche Nationalstaat (ohne Österreich) unter preußischer Führung scheiterte 1849 am Widerstand der alten Herrscher. Der preußische König Friedrich Wilhelm IV. lehnte die von der Frankfurter Nationalversammlung angebotene Kaiserkrone ab.
Der Obrigkeitsstaat kehrte nach 1849 zurück, doch seine Grundlagen veränderten sich und die Herrschenden machten Zugeständnisse. Nach der Revolution wurden einige Landesverfassungen fortschrittlicher und Reformen eingeleitet. Darüber hinaus hatten die Ereignisse das nationale Bewusstsein der Deutschen gestärkt.

Industrielle Revolution und Soziale Frage

2. Hälfte des 18. Jh.	*In England beginnt die Industrielle Revolution.*
1. Hälfte des 19. Jh.	*Die Industrialisierung setzt in den deutschen Staaten ein.*
1848	*Das „Kommunistische Manifest“ von Marx und Engels erscheint; seine Wirkung entfaltet es seit den 1870er-Jahren in der Arbeiterbewegung.*

Die Industrielle Revolution beginnt in England

Die von England ausgehende → *Industrielle Revolution* veränderte die Arbeits- und Lebensbedingungen grundlegend. Mit Kohle befeuerte Dampfmaschinen ergänzten oder ersetzten Wind- und Wasserkraft. Textilfabriken entstanden, in denen Arbeiter und Arbeiterinnen Maschinen bedienten. Heimarbeit und kleinere Werkstätten verloren an Bedeutung. Immer mehr Bergwerke förderten Kohle und Erze und große Hütten produzierten Eisen. Seit Anfang des 19. Jh. trat die Eisenbahn als günstiges Massentransportmittel ihren Siegeszug an.

Industrieller Aufbruch in den deutschen Staaten

In den deutschen Kleinstaaten begann die → *Industrialisierung* um 1830 zunächst in wenigen Regionen. Der Eisenbahnbau förderte die Entwicklung. Der erste Zug rollte 1835 zwischen Nürnberg und Fürth. Mit dem von Preußen initiierten → *Deutschen Zollverein* entstand ab 1834 allmählich ein einheitlicher Wirtschaftsraum ohne Zollgrenzen. Um genug Geld für den Aus- und Aufbau von Unternehmen zusammenzubekommen, wurden Aktiengesellschaften gegründet. Wer Aktien kaufte, besaß damit Anteile an den Firmen. Ihr Wert stieg, wenn die Aktiengesellschaften erfolgreich waren, er sank, wenn der Absatz stockte. Seit den 1870er-Jahren kamen zur Eisen- und Stahlproduktion die Chemie- und Elektroindustrie hinzu. Die Landwirtschaft konnte ihre Erträge durch Kunstdünger und Maschinen steigern. Wegen der Fortschritte in der Hygiene und Medizin wurden Menschen älter als früher. Die deutsche Bevölkerung wuchs von 25 (1816) auf 65 Millionen (1919) (→ *Bevölkerungsexplosion*).

Leben und Arbeiten in der Industriegesellschaft

Auf der Suche nach Arbeit und Brot zogen Millionen Menschen vom Land in die Industriestädte. Darüber hinaus wanderten im 19. Jh. sechs Millionen Deutsche aus wirtschaftlichen, sozialen und politischen Gründen aus, überwiegend in die USA.

Arbeit und Alltag wandelten sich: Feste Arbeitszeiten und Schichtarbeit in den Fabriken änderten den Lebensrhythmus. Das Einkommen war so niedrig, dass Frauen und Kinder mitarbeiten mussten. In den schnell wachsenden Industriestädten fehlten menschenwürdige Wohnungen, die die Arbeiter von ihren geringen Löhnen bezahlen konnten. So entstand soziales Elend, das Zeitgenossen als „Pauperismus" (lat. *pauper*: arm) bezeichneten.

Versuche, die Soziale Frage zu lösen

Proteste gegen das Elend der Unterschichten wie der Aufstand der schlesischen Weber von 1844 verdeutlichten das Ausmaß der Probleme (→ *Soziale Frage*). Kirchen und einige Unternehmer versuchten, die negativen Folgen der Industrialisierung zu mildern. Manche Fabrikanten schufen Unterstützungskassen bei Krankheit und Invalidität der Arbeiter; sie halfen Hinterbliebenen und bauten Werkswohnungen.

Teile der vom Lohn abhängigen Fabrikarbeiter (→ *Proletariat*) schlossen sich zusammen, um für ihre Interessen in Betrieb und Staat zu streiten (→ *Arbeiterbewegung*). Ihre Hauptwaffe gegenüber den Unternehmern war der Streik.

Unter dem Eindruck der scheinbar ausweglosen Verhältnisse der Arbeiter veröffentlichten → *Karl Marx* und → *Friedrich Engels* 1848 das „Kommunistische Manifest". In dieser Schrift beschrieben sie das Verhältnis zwischen den Eigentümern von Fabriken und Kapital einerseits (der „Bourgeoisie", von frz. Bürgertum) und dem

Proletariat andererseits als „Klassenkampf". Sie glaubten fest daran, dass der → *Kapitalismus* nach einer → *Revolution* des Proletariats durch den → *Sozialismus* und später den → *Kommunismus* abgelöst werde. Erst in der kommunistischen Gesellschaft gäbe es keine ungerechten sozialen Unterschiede mehr (→ *Marxismus*).
Die von → *Ferdinand Lassalle* mitbegründete → *Sozialdemokratie* bemühte sich ebenfalls um die Lösung der Sozialen Frage und um die politische Gleichberechtigung aller Bürger. Die Regierung im → *Deutschen Kaiserreich* reagierte erst in den 1880er-Jahren, nachdem → *Otto von Bismarck* anerkannt hatte, dass ohne sozialen Frieden die Staatsordnung gefährdet war (→ *Sozialgesetzgebung*).

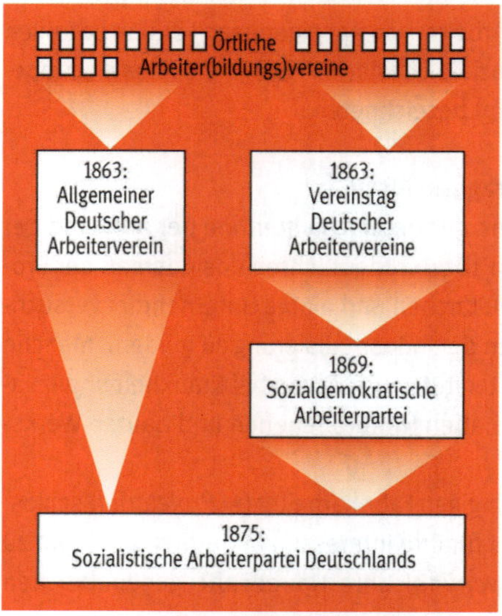

Die deutsche Arbeiterbewegung.

Deutschland, Europa und die Welt seit 1871

Das Deutsche Kaiserreich

1866	*Preußen nimmt Hannover, Kurhessen, Nassau und Frankfurt am Main in seinen Besitz und gründet den Norddeutschen Bund.*
1870/71	*Unter Preußens Führung kämpfen die Truppen des Norddeutschen Bundes mit den süddeutschen Staaten im Deutsch-Französischen Krieg.*
1871	*König Wilhelm I. von Preußen wird noch während des Krieges in Versailles zum Deutschen Kaiser ausgerufen (18. Januar); Gründung des Deutschen Kaiserreiches.*
1888	*Wilhelm II. wird mit 29 Jahren deutscher Kaiser.*
1890	*Der preußische Ministerpräsident (seit 1862) und Reichskanzler (seit 1871) Otto von Bismarck tritt zurück.*
1914	*Ein Serbe erschießt das österreichisch-ungarische Thronfolgerpaar in Sarajevo (28. Juni); der Erste Weltkrieg beginnt mit den Kriegserklärungen Österreich-Ungarns an Serbien (28. Juli) und des Deutschen Reiches an Russland (1. August).*
1917	*Am 6. April treten die USA in den Krieg ein; aus dem europäischen Krieg wird ein Weltkrieg.*

Gründung unter preußischer Führung

Die Nationalbewegung (→ *Nationalismus*) forderte auch nach der gescheiterten → *Revolution* von 1848/49 die Einigung der deutschen Staaten. Doch zunächst bestand weiter der → *Deutsche Bund* mit den zwei Großmächten Österreich und Preußen.

1862 wurde → *Otto von Bismarck* preußischer Ministerpräsident. Er wollte Österreich zurückdrängen, um Preußens Vorherrschaft (→ *Hegemonie*) im Deutschen Bund zu sichern und die Gründung eines → *Nationalstaats* (→ *Nation*) voranzutreiben. Dies sollte durch die Regierenden geschehen, nicht durch das Volk.

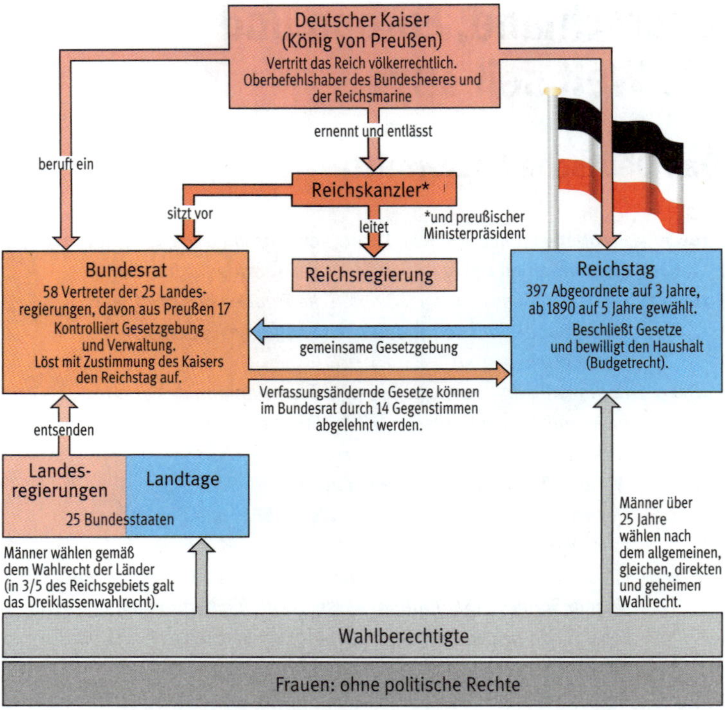

Die Reichsverfassung von 1871.

Nach gewonnenen Kriegen gegen Dänemark 1864 und Österreich 1866 annektierte Preußen zahlreiche deutsche Staaten nördlich des Mains und gründete den → *Norddeutschen Bund*. Die süddeutschen Staaten verbündeten sich mit Preußen. Frankreich sah durch Preußens Machterweiterung und eine mögliche deutsche Einheit seine Hegemonie auf dem Kontinent bedroht. Bismarck nutzte den Streit um die Thronbesteigung eines Hohenzollern-Prinzen in Spanien, um Frankreich zu einem Krieg zu provozieren. Ihn gewannen die verbündeten deutschen Staaten unter Preußens Führung. Sie gründeten 1871 das → *Deutsche Kaiserreich*.

Innen- und Außenpolitik im Kaiserreich

An der Spitze des neuen Bundesstaates stand der preußische → *König* als → *Kaiser* Wilhelm I. Reichskanzler Bismarck vertrat die Interessen der → *Monarchie* und bestimmte fast 20 Jahre lang die deutsche Politik. Im → *„Kulturkampf"* wollte er den Einfluss der katholischen Kirche auf den Staat verringern. Dabei war er ähnlich erfolglos wie bei seinem Bemühen, seit 1878 durch das → *Sozialistengesetz* die → *Arbeiterbewegung* auszuschalten. Mit seiner → *Sozialgesetzgebung* ab 1883 schaffte er es nicht, die Arbeiter in das Kaiserreich zu integrieren. Bismarcks Außenpolitik zielte darauf, durch ein → *Bündnissystem* das nach Revanche strebende Frankreich zu isolieren, Österreich-Ungarn, Italien und Russland an Deutschland zu binden und so ein → *europäisches Gleichgewicht* zu schaffen. Um den Nachbarn die Furcht vor einem wirtschaftlich und militärisch überlegenen Deutschland zu nehmen, erklärte er zudem, das Reich sei „saturiert", habe also keine weiteren Gebietsansprüche.

Nach der Thronbesteigung → *Wilhelms II.* gewann das Militär mehr Einfluss auf die Außenpolitik; Bismarcks Bündnissystem zerfiel. Der junge Kaiser und seine Ratgeber gingen davon aus, dass nur militärische Stärke dem Deutschen Reich die ihm angeblich zustehende Anerkennung bringe. Diese Vorstellung fand breiten Rückhalt in der militärisch geprägten Kultur der Zeit (→ *Militarismus*).

Die Wilhelminische Gesellschaft

Politisch blieb das Kaiserreich konservativ. Der → *Adel* blieb einflussreich, obwohl er wirtschaftlich keine Bedeutung mehr besaß. Immer mehr Frauen organisierten sich für mehr Bildung und politische Rechte. Das Frauenwahlrecht wurde aber erst 1918 erreicht. Die Integration der Juden (→ *Judentum*) gelang trotz rechtlicher Gleichstellung nicht. Zu den religiösen Vorbehalten kamen rassische (→ *Antisemitismus*; → *Sozialdarwinismus*).

Um 1900 begann der „Aufbruch in die Moderne" in dem inzwischen hochindustrialisierten Kaiserreich. Der technische Fortschritt veränderte Arbeit und Alltag. Neue medizinische und hygienische Erkenntnisse erhöhten die Lebenserwartung. Das Großbürgertum (➔ *Bürgertum*) der Unternehmer und Bankiers gewann mit dem wirtschaftlichen Wachstum an Einfluss. Doch rund drei Viertel der Wilhelminischen Gesellschaft lebten am Rande des Existenzminimums.

Das Deutsche Reich im Zeitalter des Imperialismus

Im letzten Viertel des 19. Jh. wetteiferten die Großmächte vor allem in Afrika und Asien um den Besitz von Kolonien (➔ *Kolonisation*). Ihr Vorbild war das ➔ *Britische Weltreich* (British Empire). Die imperialistische Politik (➔ *Imperialismus*) hatte wirtschaftliche und militärische Gründe. Teilweise sollte Siedlungsraum für die wachsende Bevölkerung geschaffen und von sozialen Konflikten im Inneren abgelenkt werden. Man rechtfertigte das Vorgehen auf der Grundlage eines übersteigerten Nationalbewusstseins (➔ *Nationalismus*) mit der vermeintlichen Überlegenheit der „entwickelten" über die „nichtentwickelten" Völker. Die Kolonialmächte zerstörten Kulturen und Wirtschaftsformen, sie zogen neue Grenzen und zwangen die Einheimischen, ihre Vorstellungen zu übernehmen. Widerstand wurde niedergeschlagen.

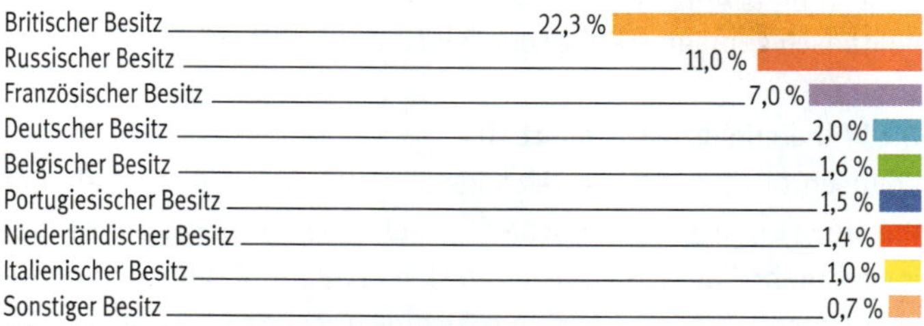

Zahlen geben den Prozentsatz des Besitzes im Vergleich zur Weltlandfläche an.

Die Aufteilung der Welt 1914.

Unter Kaiser Wilhelm II. strebte das Deutsche Reich eine Weltmachtstellung an. Dies zeigte sich um die Jahrhundertwende vor allem im Ausbau der deutschen Marine und einem aggressiveren Ton der

Außenpolitik. Da die ebenfalls hoch gerüsteten Staaten Großbritannien, Frankreich und Russland sich bedroht fühlten, legten sie bis 1907 ihre Kolonialstreitigkeiten in einer „Entente“ (Einvernehmen) bei und sicherten sich Hilfe für den Fall eines deutschen Angriffs zu. Dem nun isolierten Deutschen Reich blieb nur Österreich-Ungarn als Bündnispartner.

Der Erste Weltkrieg

Zum Hauptkonfliktgebiet zwischen den europäischen Großmächten wurde nach 1905 der Balkan. Dort waren Österreich-Ungarn und Serbien direkte Gegner, da beide Staaten Gebiete des zerfallenden Osmanischen Reiches beanspruchten. Die Lage verschärfte sich, da Russland Serbien und das Deutsche Reich Österreich-Ungarn unterstützten.

Die Ermordung des österreichischen Thronfolgerpaares im Sommer 1914 war der Anlass für den → *Ersten Weltkrieg*. Nachdem Österreich-Ungarn den Krieg gegen Serbien begonnen hatte, bestimmten militärische Planungen statt Diplomatie das Handeln. Sie führten dazu, dass deutsche Soldaten durch das neutrale Belgien marschierten, um Frankreich anzugreifen. Der Krieg zwischen den Mittelmächten (Deutsches Reich und Österreich-Ungarn) und der „Tripelentente“ (Frankreich, Großbritannien, Russland) erstarrte an der Westfront zu einem jahrelangen Stellungskrieg, das heißt keine Seite kam voran. Neue Waffen (Giftgas, Panzer, U-Boote und Flugzeuge) führten zu hohen Verlusten auf beiden Seiten. Der Kampf um → *Verdun* 1916 wurde zum Symbol für das grauenhafte Massensterben im Ersten Weltkrieg. Insgesamt verloren fast zehn Millionen Soldaten ihr Leben. Als die USA 1917 in den Krieg eintraten, zeichnete sich die Niederlage der Mittelmächte ab. Im September 1918 musste die deutsche Heeresleitung die Niederlage eingestehen.

Demokratie oder Diktatur?

1917	*In Russland wird der Zar gestürzt und eine Republik ausgerufen (Februarrevolution); im April treten die USA in den Ersten Weltkrieg ein; die Bolschewiki übernehmen unter Lenins Führung im Herbst die Macht in Russland (Oktoberrevolution).*
9. Nov. 1918	*Die Abdankung Kaiser Wilhelms II. wird verkündet und die Deutsche Republik ausgerufen; Friedrich Ebert (SPD) übernimmt das Amt des Reichskanzlers.*
1918	*Deutsche Politiker unterschreiben in der nordfranzösischen Stadt Compiègne das Waffenstillstandsabkommen (11. November); damit endet der Erste Weltkrieg.*
1919	*Der Versailler Vertrag wird am 28. Juni unterschrieben; er legt die europäische Nachkriegsordnung fest.*
1922	*Im Vertrag von Rapallo nehmen Deutschland und die Sowjetunion diplomatische Beziehungen auf; sie verzichten auf Reparationen für Kriegsschäden.*
1923	*Krisenjahr der Weimarer Republik mit „Ruhrkampf", Inflation, Währungsreform und Hitler-Putsch in München.*
1924	*Stalin übernimmt die Macht und regiert die Sowjetunion bis 1953 totalitär.*
1925	*Der Vertrag von Locarno leitet die politische Verständigung zwischen Frankreich und Deutschland ein; Deutschland erkennt seine Westgrenzen an und verpflichtet sich, die Grenzen im Osten nicht mit Gewalt zu verändern.*
1926	*Deutschland wird in den Völkerbund aufgenommen.*
1929	*Mit dem Absturz der Aktienkurse an der New Yorker Börse beginnt die Weltwirtschaftskrise.*
30. Jan. 1933	*Reichspräsident Paul von Hindenburg ernennt Adolf Hitler zum Reichskanzler.*

Russland nach der Oktoberrevolution

Die großen Verluste im → *Ersten Weltkrieg*, wirtschaftliche Probleme und immer heftigere Proteste zwangen den russischen Zaren 1917 abzudanken. Den Machtkampf der bürgerlichen Demokraten (→ *Demokratie*) und der sozialistischen Rätebewegung (→ *Sozialismus*, → *Rätesystem*) entschieden die Bolschewiki (→ *Bolschewismus*) in der → *Oktoberrevolution* für sich. Das neue Regime schied aus dem Ersten Weltkrieg aus, verstaatlichte Betriebe und Banken und enteignete Gutsbesitzer.

1924 wurde → *Joseph W. Stalin* Nachfolger des verstorbenen Revolutionsführers → *Wladimir I. Lenin*. Er begann mit dem „Aufbau des Sozialismus in einem Land", nachdem sich seine Hoffnung auf sozialistische Revolutionen in anderen Staaten nicht erfüllt hatte. Mithilfe der → *Planwirtschaft* versuchte er, die → *Industrialisierung* des Landes in kurzer Zeit nachzuholen.

Die Alleinherrschaft der KPdSU, Hungersnöte, erzwungene Umsiedlungen, Arbeitslager, Terror und Gewalt gegenüber jeder Opposition sowie Propaganda und Personenkult kennzeichneten Stalins totalitäre Herrschaft (→ *Totalitarismus*, → *Stalinismus*).

Die → *Revolution* in Russland und die politische Neuordnung Europas nach dem Ersten Weltkrieg verunsicherten viele Menschen. In Italien gelangte in den 1920er-Jahren Benito Mussolini als totalitärer „Führer" an die Regierung (→ *Faschismus*), der die Demokratie ablehnte, seine Macht zentralisierte und die Grundrechte (→ *Menschen- und Bürgerrechte*) missachtete.

Von der Novemberrevolution zur Weimarer Republik

Die deutsche Heeresleitung hatte im September 1918 die Niederlage im Ersten Weltkrieg eingestanden. Noch während der Waffenstillstandsverhandlungen wurde → *Wilhelm II.* zur Abdankung gezwungen. Auch in den deutschen Einzelstaaten endete die Fürstenherrschaft nach revolutionären Protesten vor allem von Arbeitern und Soldaten im November 1918.

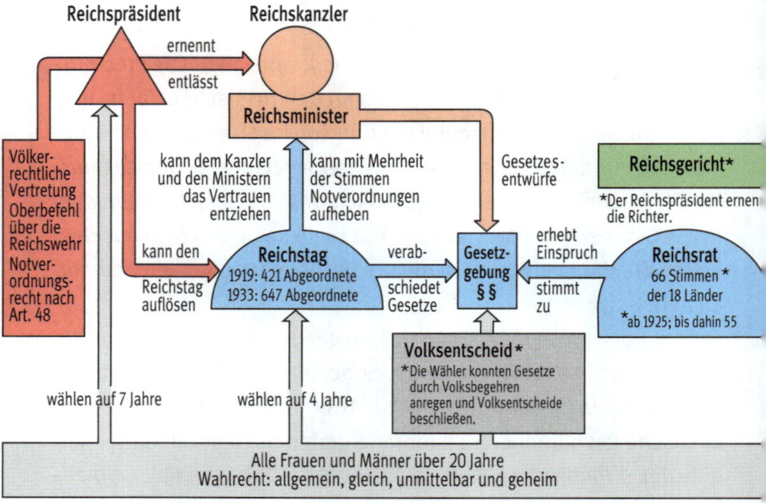

Die Weimarer Verfasssung.

Im Reich übernahm nach der Ausrufung der „Deutschen Republik" (→ *Republik*) durch → *Philipp Scheidemann* ein „Rat der Volksbeauftragten" aus SPD- und USPD-Politikern (→ *Sozialdemokratie*) die Macht. Ein Rätekongress entschied, weitere Veränderungen einer Verfassunggebenden → *Nationalversammlung* zu überlassen. Anhänger des Rätesystems und der KPD (→ *Kommunismus*), zu der → *Rosa Luxemburg* zählte, konnten sich nicht durchsetzen. Die Übergangsregierung unter Reichskanzler → *Friedrich Ebert* steuerte einen Kurs der Kompromisse. Sie arbeitete mit den alten Eliten aus Wirtschaft, Justiz und Militär des Kaiserreichs zusammen.
Die → *Weimarer Verfassung* von 1919 machte das Deutsche Reich zu einer → *parlamentarischen Demokratie*, in der erstmals Frauen das aktive und passive Wahlrecht erhielten. Im selben Jahr wurde Ebert zum ersten Reichspräsidenten gewählt. Als Staatsoberhaupt der Weimarer Republik war er mit weitgehenden exekutiven Vollmachten ausgestattet.

Krisenjahre und Stabilisierung der Republik

Die neue deutsche Regierung musste die harten Bedingungen des → *Versailler Vertrages* hinnehmen. Den politischen Alltag bis zum Krisenjahr 1923 bestimmten → *Inflation*, die → *„Dolchstoßlegende"*, → *Reparationen*, linke und rechte Umsturzversuche (Kapp-Putsch, → *Hitler-Putsch*) sowie Attentate auf angebliche „Erfüllungspolitiker" (→ *„Erfüllungspolitik"*). Von Januar bis September 1923 besetzten französische und belgische Soldaten das Ruhrgebiet. Das Volk leistete passiven Widerstand („Ruhrkampf"). Außenpolitisch konnte sich das Reich nur durch den Vertrag von Rapallo etwas Spielraum verschaffen.

Ab 1924 folgte nach einer → *Währungsreform*, einer Neuregelung der Reparationsfrage und amerikanischen Finanzhilfen eine Phase der wirtschaftlichen Stabilisierung der Republik. Sie wurde durch Erfolge in der Außenpolitik begleitet, für die → *Gustav Stresemann* mitverantwortlich war. Mit seinem französischen Amtskollegen → *Aristide Briand* hatte er 1925 die deutsch-französische Verständigung eingeleitet (Vertrag von Locarno). 1926 erreichte er die Aufnahme Deutschlands in den von US-Präsident → *Woodrow Wilson* angeregten → *Völkerbund*.

Kulturell kennzeichneten die 1920-Jahre zahlreiche Experimente in Kunst und Architektur. Beispiele dafür sind das „Bauhaus" und die „Neue Sachlichkeit". Darüber hinaus begannen Radio und Film die Massen zu beeinflussen.

Weltwirtschaftskrise und Staatskrise

Nach dem Ersten Weltkrieg hatten die USA die politische und wirtschaftliche Führungsrolle auf der Welt inne. Sie erlebten in den 1920er-Jahren einen Boom, den der New Yorker Börsenkrach 1929 abrupt beendete. Präsident Franklin D. Roosevelt schlug mit dem → *New Deal* den Weg zum Sozialstaat ein und konnte so die Demokratie während des wirtschaftlichen Abschwungs in den 1930er-Jahren stabilisieren („Große Depression").

Anders verlief die Entwicklung im Deutschen Reich. Die sich von Amerika nach Europa ausbreitende Weltwirtschaftskrise unterbrach die Erholung der deutschen Wirtschaft nach der Inflation von 1923. Firmen und Banken brachen zusammen, Millionen Arbeitnehmer wurden arbeitslos. Die Krise ließ die antidemokratischen und republikfeindlichen → *Parteien* erstarken, besonders → *NSDAP* und die KPD.

Da im → *Reichstag* ab 1930 keine handlungsfähigen politischen Mehrheiten mehr zustande kamen, waren die Regierungen auf das Vertrauen des Reichspräsidenten angewiesen (→ *Präsidialkabinett*). Kanzler → *Heinrich Brüning* und seine Nachfolger regierten immer häufiger mit Notverordnungen nach Artikel 48 der Verfassung, die der Reichspräsident ohne Zustimmung des → *Parlaments* erließ.

Als die NSDAP in den Reichstagswahlen vom November 1932 stärkste Partei wurde und sich die politische Lage nicht besserte, ernannte der seit 1925 amtierende Reichspräsident → *Paul von Hindenburg* den Vorsitzenden der NSDAP, → *Adolf Hitler*, am 30. Januar 1933 zum Reichskanzler einer Koalitionsregierung. In den folgenden Monaten wurde aus der Weimarer Demokratie die → *Diktatur* des → *Nationalsozialismus*.

Jahr	Reichstagssitzungen	Gesetze	Notverordnungen
1930	94	98	5
1931	41	34	44
1932	13	5	66

Von der parlamentarischen Demokratie zur Diktatur.
Nach: Hans-Ulrich Wehler, Deutsche Gesellschaftsgeschichte, Bd. 4: Vom Beginn des ersten Weltkriegs bis zur Gründung der beiden deutschen Staaten 1914-1949, München 2003, S. 519

Nationalsozialismus und Zweiter Weltkrieg

30. Jan. 1933	*Reichspräsident Paul von Hindenburg ernennt Adolf Hitler zum Reichskanzler einer nationalkonservativen Koalitionsregierung aus DNVP, NSDAP und parteilosen Politikern.*
23. März 1933	*Der Reichstag nimmt das „Ermächtigungsgesetz“ an: Die Hitler-Regierung kann Gesetze ohne Zustimmung von Reichstag, Reichsrat und Reichspräsident erlassen.*
9. Nov. 1938	*Die Nationalsozialisten gehen gewaltsam gegen Juden vor, um sie aus dem Deutschen Reich zu vertreiben (Novemberpogrome).*
1. Sept. 1939	*Mit dem deutschen Angriff auf Polen beginnt der Zweite Weltkrieg.*
20. Juli 1944	*Das gescheiterte Attentat auf Hitler ist der Höhepunkt des militärischen Widerstandes.*
8./9. Mai 1945	*Mit der bedingungslosen Kapitulation des Deutschen Reiches endet der Zweite Weltkrieg in Europa.*
August 1945	*Amerikanische Atombombenabwürfe auf die japanischen Städte Hiroshima (6. August) und Nagasaki (9. August) beenden den Zweiten Weltkrieg auch in Fernost.*

Machtübergabe und „Machtergreifung“

Reichspräsident → *Paul von Hindenburg* hatte am 30. Januar 1933 nach langem Zögern → *Adolf Hitler*, den Führer der stärksten Fraktion im → *Reichstag*, mit der Regierungsbildung beauftragt. Auf diese „Machtübergabe“ an ein weiteres → *Präsidialkabinett* folgte die → *„Machtergreifung“* der → *NSDAP*. Ende Februar wurden nach dem Brand des Berliner Reichstagsgebäudes die Grundrechte der → *Weimarer Verfassung* außer Kraft gesetzt. Trotz intensiver Wahlpropaganda und massiven Terrors verfehlte die NSDAP in der Reichstagswahl vom 5. März die absolute Mehrheit.
Mit dem → *„Ermächtigungsgesetz“* vom 23. März 1933 entmachtete sich der Reichstag selbst und hob die → *Gewaltenteilung* auf. Bis zum Sommer 1933 wurden die KPD zerschlagen, die SPD (→ *Sozial-*

demokratie) verboten und die bürgerlichen ➔ *Parteien* in die Selbstauflösung getrieben. Die Länderregierungen wurden ebenso „gleichgeschaltet" wie Gewerkschaften, andere Verbände sowie Kunst und Kultur (➔ *„Gleichschaltung"*). Nationalsozialisten traten an ihre Spitzen. Alle Teile des Volkes – vor allem die Jugend – wurden in Parteiorganisationen erfasst (➔ *Hitler-Jugend*).

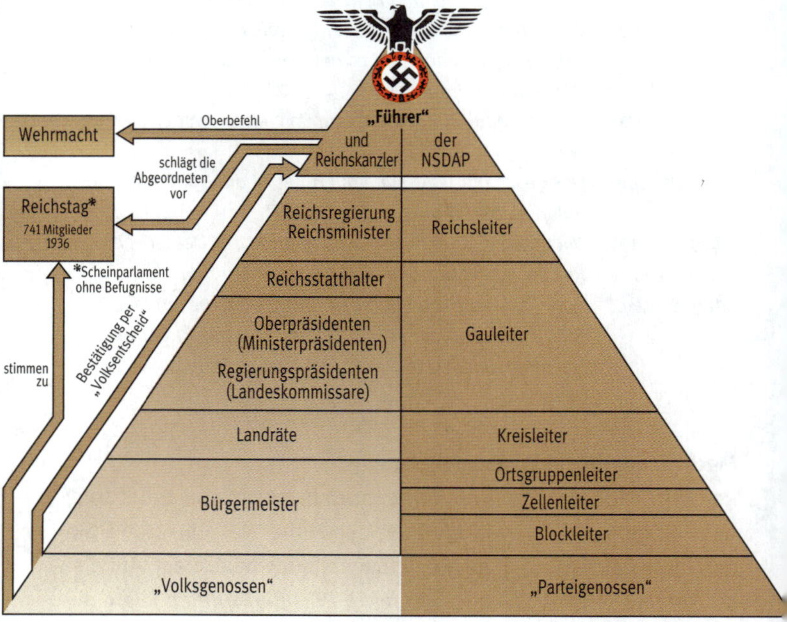

Der Aufbau des „Führerstaats" ab 1934.

Ideologie des NS-Staats

Hitler stellte sich an die Spitze der Partei und des ➔ *„Dritten Reichs"*. Er übernahm nach Hindenburgs Tod 1934 auch dessen Amt, ließ sich „Führer und Reichskanzler" nennen und die Reichswehr auf seinen Namen vereidigen. Das → *„Führerprinzip"* sicherte ihm sowie den Spitzen der Partei und ihrer Organisationen die Macht im totalitären Staat (→ *Totalitarismus*).

Wesentlicher Teil der nationalsozialistischen Weltanschauung (→ *Ideologie*) war der → *Antisemitismus*. Mit den → *„Nürnberger Gesetzen"* von 1935 schlossen die Nazis jüdische Deutsche aus der → *„Volksgemeinschaft"* aus und entrechteten sie aus rassistischen Gründen (→ *Rassenideologie*, → *Sozialdarwinismus*). Am 9. November 1938 zeigten die → *Novemberpogrome*, dass die Nazis in ihrer Politik gegen Juden (→ *Judentum*) nicht vor offener Gewalt zurückschreckten. Gleichzeitig bemühten sie sich weiter, den Juden ihre Lebensgrundlagen zu entziehen (→ *„Arisierung"*), um ihre Auswanderung zu beschleunigen.

Nationalsozialistische Außenpolitik

Außenpolitisch wollten die Nazis das „Diktat von Versailles" (→ *Versailler Vertrag*) rückgängig machen. Deutschland sollte wieder Weltmacht werden und neuen „Lebensraum" im Osten (→ *„Lebensraumideologie"*) erobern. Mit dem „Anschluss" Österreichs 1938 errichtete Hitler sein angestrebtes „Großdeutsches Reich". Im → *Münchener Abkommen* akzeptierten die britischen, französischen und italienischen Regierungschefs 1938 die Abtretung des zur Tschechoslowakei gehörenden, aber überwiegend von Deutschen bewohnten Sudetenlandes an das Deutsche Reich. Das Abkommen wurde im März 1939 mit dem Einmarsch der Wehrmacht in die „Resttschechei" gebrochen. Damit war die → *Appeasement*-Politik gescheitert, mit der die Westmächte Hitlers außenpolitischen Forderungen zunächst weit entgegengekommen waren, um einen Krieg zu verhindern.

Der Zweite Weltkrieg beginnt

Der → *Zweite Weltkrieg* begann am 1. September 1939 mit dem deutschen Überfall auf Polen, dessen Aufteilung Hitler und → *Stalin* neun Tage zuvor im → *Hitler-Stalin-Pakt* vereinbart hatten. Großbritannien und Frankreich hatten im März 1939 den Schutz Polens garantiert und erklärten Deutschland nun den Krieg. Hitler wollte mit „Blitzkriegen" schnelle Siege erringen, da die deutsche Rüstungsindustrie auf einen längeren Krieg nicht vorbereitet war. Zunächst war diese Strategie erfolgreich: Bis Mitte 1940 wurden unter anderem Polen, Dänemark, Norwegen und große Teile Frankreichs besetzt. Im Sommer 1941 marschierten deutsche Soldaten in die Sowjetunion ein. Sie drangen bis nach Moskau vor, ohne es einnehmen zu können. Die Blitzkriegstrategie war gescheitert.
Im pazifischen Raum strebte Japan die → *Hegemonie* an. Nach dem japanischen Überfall auf den US-Stützpunkt Pearl Harbor auf Hawaii erklärten die USA Japan Anfang Dezember 1941 den Krieg.

Widerstand im In- und Ausland

Im August 1941 bildeten die USA, Großbritannien und die Sowjetunion die → *Anti-Hitler-Koalition*. Sie forderte 1943 die → *bedingungslose Kapitulation* Deutschlands, Italiens und Japans, die seit 1940 im „Dreimächtepakt" verbunden waren. Das Deutsche Reich setzte den → *Vernichtungskrieg* im Osten trotz der drohenden Niederlage fort.
Auch in Deutschland gab es → *Widerstand* gegen Hitler und den → *SS-Staat*. Die öffentliche Kritik Kardinal → *Klemens August Graf von Galens* an der Ermordung „lebensunwerten Lebens" („Euthanasie"), der Attentatsversuch → *Georg Elsers*, die Flugblätter der „Weißen Rose" (→ *Hans und Sophie Scholl*), die Kritik der Bekennenden Kirche (→ *Dietrich Bonhoeffer*) sowie der missglückte Staatsstreich einiger Offiziere vom 20. Juli 1944 (→ *Claus Schenk Graf von Stauffenberg*) sind Beispiele dafür. Insgesamt blieb der aktive Widerstand aber auf Einzelne und kleine Gruppen beschränkt.

Minderheiten werden systematisch vernichtet

Während des Krieges wurden aus rassistischen Motiven etwa sechs Millionen europäische Juden (→ *Holocaust*) und Angehörige anderer Minderheiten in den → *Konzentrations- und Vernichtungslagern* ausgebeutet und systematisch ermordet. Neben Hitler war → *Heinrich Himmler* einer der Hauptverantwortlichen. Letztlich arbeiteten aber Hunderttausende daran, dass die Vernichtungsmaschinerie funktionierte.

Kriegswende und Zusammenbruch des Deutschen Reiches

Die Niederlage der deutschen Armee in Stalingrad (heute Wolgograd) im Winter 1942/43 markierte die Wende im Zweiten Weltkrieg. Der im Februar 1943 von → *Joseph Goebbels* verkündete → *„totale Krieg"* konnte die deutsche Niederlage ebenso wenig aufhalten wie der Einsatz von Millionen ausländischer Zwangsarbeiter und Kriegsgefangener, die in der deutschen Rüstungsindustrie unter menschenunwürdigen Bedingungen arbeiteten (→ *Zwangsarbeit*). Alliierte Bomber griffen nun regelmäßig Städte und Rüstungsanlagen an. Im Sommer 1944 landeten amerikanische und britische Truppen in der Normandie (Frankreich) und rückten auf Deutschland vor. Die „Rote Armee" der Sowjetunion drängte die Wehrmacht zurück nach Westen. Ende 1944 standen die Alliierten an den deutschen Grenzen.

Der Krieg endete mit → *Flucht und Vertreibung* von 12 bis 14 Millionen Deutschen aus den Ostgebieten und der bedingungslosen Kapitulation des Deutschen Reiches am 8./9. Mai 1945. In Fernost beendeten die amerikanischen Atombomben auf die japanischen Industriestädte Hiroshima und Nagasaki im August 1945 den Zweiten Weltkrieg. Über 55 Millionen Menschen verloren durch ihn ihr Leben.

Deutschland in der geteilten Welt nach 1945

8./9. Mai 1945	*Mit der bedingungslosen Kapitulation des Deutschen Reiches endet der Zweite Weltkrieg in Europa.*
1945	*Die drei Siegermächte USA, UdSSR und Großbritannien legen im Juli/August auf der Potsdamer Konferenz Grundsätze für die Behandlung Deutschlands fest.*
August 1945	*Amerikanische Atombombenabwürfe auf die japanischen Städte Hiroshima (6. August) und Nagasaki (9. August) beenden den Zweiten Weltkrieg auch in Fernost.*
1947	*US-Präsident Truman sagt allen Staaten mit einer freiheitlichen politischen und wirtschaftlichen Ordnung die Unterstützung der USA zu (Truman-Doktrin); US-Außenminister Marshall kündigt ein Wiederaufbauprogramm für Europa an (Marshall-Plan).*
1948	*Im Juni findet eine Währungsreform in den drei Westzonen statt; die Sowjetunion führt daraufhin eine eigene Währungsreform in der SBZ durch und blockiert alle Land- und Wasserwege von und nach West-Berlin bis zum 12. Mai 1949; die USA und Großbritannien versorgen die West-Berliner mit einer „Luftbrücke“.*
23. Mai 1949	*Gründung der Bundesrepublik Deutschland mit dem Einverständnis der drei Westmächte: Die Ministerpräsidenten der Länder, die Landtagspräsidenten und die Mitglieder des Parlamentarischen Rates unterzeichnen in Bonn das Grundgesetz.*
7. Oktober 1949	*In Ost-Berlin wird unter sowjetischer Aufsicht die DDR gegründet.*
17. Juni 1953	*Volksaufstand in der DDR gegen das SED-Regime.*
1960	*Durchbruch der Entkolonialisierung in Afrika: 17 Staaten werden unabhängig.*

Deutschland kommt unter alliierte Herrschaft

Deutschlands Städte und Infrastruktur waren 1945 stark zerstört. Das Deutsche Reich war nach der → *bedingungslosen Kapitulation* vom 8./9. Mai 1945 ohne Regierung (→ *„Stunde Null“*). Zahllose Menschen litten Hunger, viele waren noch auf der Flucht (→ *Flucht und Vertreibung*), Millionen Männer befanden sich in Kriegsgefangenschaft. Auf der → *Potsdamer Konferenz* vereinbarten die „Großen Drei“ (USA, Großbritannien und die UdSSR) die Denazifizierung, Demilitarisierung, Demokratisierung und Dezentralisierung Deutschlands sowie die Demontage von Industrieanlagen. Deutschland wurde in vier → *Besatzungszonen* aufgeteilt.

Währenddessen dauerte der Krieg in Fernost noch an. Die Atombombenabwürfe auf Hiroshima und Nagasaki durch die USA waren Vorboten des → *Kalten Krieges*, den auch die → *UNO* nicht verhindern konnte. Sie war im Juni 1945 als Nachfolgerin des → *Völkerbundes* gegründet worden. Die erste Auseinandersetzung mit den Verbrechen der Nationalsozialisten (→ *SS-Staat*, → *Holocaust*) begann mit dem Nürnberger Prozess im November 1945. Die Ankläger gingen nicht von der → *Kollektivschuldthese* aus, sondern von individueller Schuld und verbrecherischen Organisationen.

Zwei deutsche Staaten entstehen

Die systematisch begonnene → *Entnazifizierung* wurde in den westlichen Besatzungszonen bald aufgegeben, um den Wiederaufbau nicht zu behindern. In der Sowjetischen Besatzungszone (SBZ) nutzten die Machthaber die Entnazifizierung als Instrument für den Aufbau einer kommunistischen Gesellschaftsordnung (→ *Kommunismus*). SPD und KPD wurden im April 1946 in der SBZ zur SED zwangsvereinigt.

Der demokratische Neuanfang in den drei Westzonen begann mit freien Wahlen in den Städten und Gemeinden. Ab September 1945 wurden in den westlichen Besatzungszonen die ersten Bundesländer gegründet.

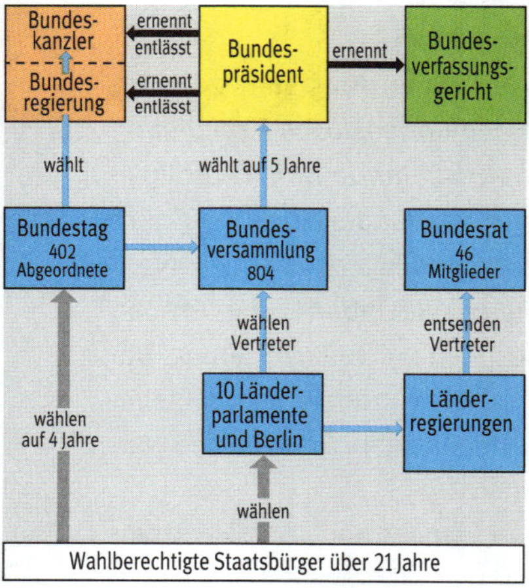

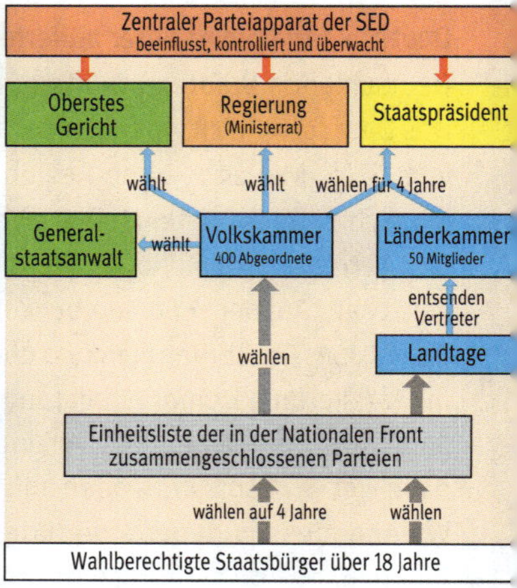

Politische Ordnung der Bundesrepublik 1949. **Politische Ordnung der DDR 1949.**
Während die politische Ordnung der Bundesrepublik Deutschland bis heute im Wesentlichen unverändert geblieben ist, änderte sich die DDR-Verfassung mehrfach. 1952 wurden die Länder abgeschafft, 1958 die Länderkammern aufgelöst und 1960 wurde der Staatspräsident durch einen Staatsrat ersetzt. 1972 wurde in der Bundesrepublik Deutschland das Wahlalter auf 18 Jahre gesenkt.

Auch die wirtschaftliche Entwicklung verlief in West und Ost unterschiedlich: Während in der SBZ die → *Planwirtschaft* eingeführt wurde, entschied sich der Westen für die Einführung der → *Sozialen Marktwirtschaft*. Eine Voraussetzung dafür war die → *Währungsreform*, mit der in den Westzonen die Deutsche Mark („D-Mark") eingeführt wurde. Die Sowjetunion und die DDR reagierten darauf mit der Einführung einer eigenen Währung in der SBZ sowie mit der Berliner Blockade. Die Stadt wurde fast ein Jahr lang von Engländern und Amerikanern auf dem Luftweg versorgt, bis → *Josef W. Stalin* die Blockade aufhob. Während dieser Zeit endete die gemeinsame Verwaltung Deutschlands und Berlins durch die Alliierten.
1949 wurden schließlich zwei deutsche Staaten gegründet: die Bundesrepublik Deutschland und die Deutsche Demokratische

Republik. Mit der DDR entstand ein von der Sowjetunion abhängiger sozialistischer Staat (→ *Sozialismus*), in dem die SED unter Führung → *Walter Ulbrichts* diktatorisch herrschte (→ *Diktatur*).
Bereits zuvor hatten die USA mit der → *Containment-Politik* und der → *Truman-Doktrin* auf die Bemühungen der Sowjetunion reagiert, ihren Machtbereich auf Südosteuropa auszuweiten. Der → *Marshall-Plan* unterstützte den wirtschaftlichen Aufstieg und die politische Integration Westeuropas.

Westintegration der Bundesrepublik Deutschland, Ostbindung der DDR

Nach dem → *Zweiten Weltkrieg* strebten auch früher verfeindete Staaten wie Deutschland und Frankreich mit amerikanischer Unterstützung die → *europäische Einigung* an (→ *Montanunion*, → *Europäische Wirtschaftsgemeinschaft*). An die Spitze dieser Bewegung stellten sich der erste deutsche Bundeskanzler → *Konrad Adenauer* (CDU) und der französische Staatspräsident → *Charles de Gaulle*. Sie sahen darin die beste Möglichkeit für eine friedliche und demokratische Entwicklung im Innern, einen Schutz gegen die kommunistische Bedrohung sowie einen Weg zur Lösung der → *Deutschen Frage*.
Der westdeutsche Staat wurde unter Adenauer, dessen schärfster Kontrahent → *Kurt Schumacher* (SPD) war, 1951 Mitglied der Montanunion und 1955 der → *NATO* (→ *Westintegration*), die DDR gehörte ab 1955 zum → *Warschauer Pakt*. Während die Bundesrepublik einen schnellen wirtschaftlichen Aufstieg erlebte, litt die DDR unter Versorgungsproblemen und politischen Zwängen. Dagegen lehnte sich die Bevölkerung am 17. Juni 1953 in einem Aufstand auf. Sie stellte wirtschaftliche Forderungen, verlangte freie Wahlen und die Wiedervereinigung. Der Volksaufstand wurde vom sowjetischen Militär niedergeschlagen, aber die Unzufriedenheit blieb. Immer mehr Menschen verließen nun die DDR in Richtung Westen.

Auch in anderen Staaten, die von ihr abhängig waren, bestimmte die Sowjetunion das politische Geschehen. So ließ 1956 der sowjetische Partei- und Regierungschef → *Nikita S. Chruschtschow* → *Reformen* in Ungarn und Polen gewaltsam unterdrücken.

Die Kolonialzeit geht zu Ende – die Probleme bleiben

Der Zweite Weltkrieg leitete das Ende des Kolonialzeitalters ein (→ *Kolonisation*, → *Imperialismus*). In den folgenden 60 Jahren wurden rund 120 ehemalige Kolonien selbstständig. 1960 erhielten gleich 17 afrikanische Länder die Unabhängigkeit. Doch die neuen Staaten kämpfen bis heute mit den wirtschaftlichen und sozialen Auswirkungen der Kolonialherrschaft. Wirtschaftliche Ausbeutung durch internationale Konzerne, der Verfall der Rohstoffpreise, technologische Abhängigkeit sowie korrupte Regierungen belasten bis heute viele sogenannte → *„Entwicklungsländer"*. Sie prägten den Nord-Süd-Konflikt, der vom Kalten Krieg überlagert wurde. Die beiden Blöcke gewährten den neuen Staaten oft nur Wirtschafts- und Entwicklungshilfe, um ihre Einflusszonen zu vergrößern. Die 1955 gegründete Bewegung der „blockfreien" Staaten, die dem Ost-West-Konflikt entgehen wollte, konnte sich den Problemen des Nord-Süd-Konfliktes nicht entziehen (→ *„Dritte Welt"*).

Der Staat Israel wird gegründet

1948 wurde der Staat Israel auf Betreiben der UNO und gegen den Willen der arabischen Nachbarstaaten gegründet. Im Sinai-Feldzug von 1956 und dem Sechs-Tage-Krieg von 1967 konnte Israel sein Gebiet vergrößern. Während der Westen dem einzigen demokratischen Staat im Nahen Osten half, unterstützte die Sowjetunion während des Ost-West-Konflikts zahlreiche arabische Staaten, die das Existenzrecht Israels ablehnten. Der → *Nahost-Konflikt* dauert bis heute an.

Von der Konfrontation zur Kooperation

1961	*Die DDR-Regierung lässt um West-Berlin die Mauer errichten (ab dem 13. August).*
1962	*Während der Kuba-Krise steht die Welt am Rande eines Atomkriegs.*
1967/1968	*Höhepunkte der „68er-Bewegung" in der Bundesrepublik Deutschland.*
1970-1973	*Als Beitrag zur Entspannungspolitik schließt die sozialliberale Regierung unter Bundeskanzler Willy Brandt die Ostverträge ab; die Bundesrepublik Deutschland und die DDR erkennen sich im Grundlagenvertrag vom 21. Dezember 1972 als gleichberechtigte Staaten an.*
1973	*Die USA ziehen ihre Truppen aus Vietnam zurück.*

Die Welt am Rande eines Atomkrieges

Seit Ende der 1950er-Jahre flohen immer mehr vor allem junge und gut ausgebildete Menschen aus der DDR in den Westen. Um die Abwanderung zu unterbinden, ließ die SED-Regierung nach Absprache mit der Sowjetunion ab dem 13. August 1961 die → *Berliner Mauer* errichten und die übrige deutsch-deutsche Grenze absperren. Der Westen protestierte, nahm die Abriegelung aber angesichts der Gefahr eines atomaren Krieges hin. Dieser drohte bereits von 1950 bis 1953 im Korea-Krieg. Dort standen sich das von der Sowjetunion gestützte Nordkorea und das von den USA geförderte Südkorea gegenüber. Dieser Konflikt machte das atomare Patt der Supermächte deutlich.

Ab 1961 verlagerten die USA unter Präsident → *John F. Kennedy* und die Sowjetunion unter dem Parteichef und Ministerpräsidenten → *Nikita S. Chruschtschow* ihre Feindseligkeiten zunehmend aus Mitteleuropa in die politisch instabilen und wirtschaftlich schwachen Staaten Asiens, Afrikas und Südamerikas. Als die Sowjetunion im Oktober 1962 Atomraketen auf Kuba stationierte, verhängten die USA eine Seeblockade. Ein Kompromiss in letzter Minute konnte einen Atomkrieg abwenden. Anschließend begann eine Phase der

→ *Entspannungspolitik* zwischen den Blöcken. Gleichzeitig verschärfte sich die Konkurrenz zwischen Ost und West im fortdauernden → *Kalten Krieg* in vielen Lebensbereichen wie der Raumfahrt und dem Spitzensport.

Die Sowjetunion sprach offiziell immer von einer Politik der „friedlichen Koexistenz" der beiden politischen und wirtschaftlichen Systeme. Tatsächlich unterdrückte sie – wie schon 1956 in Ungarn und Polen – 1968 mit Truppen des → *Warschauer Pakts* die Reformbemühungen der Kommunisten in der Tschechoslowakei. Sie verbot jedem Mitglied der kommunistischen Staatengemeinschaft, vom „Weg des Sozialismus" abzuweichen (Breschnew-Doktrin, benannt nach dem Parteichef Leonid Breschnew, der Chruschtschow 1964 entmachtet hatte). Die Nationale Volksarmee der DDR nahm am Einmarsch in die Tschechoslowakei nicht mit Truppen teil.

Der Vietnam-Krieg

1975 endete der Vietnam-Krieg. Begonnen hatte er 1946, als Frankreich vergeblich versuchte, das politisch zerstrittene Land wieder zur Kolonie zu machen (→ *Kolonisation*). Auch nach der Niederlage Frankreichs in der Schlacht von Dien Bien Phu gegen die kommunistischen Vietminh und der Teilung Vietnams in Nord und Süd auf der Genfer Indochina-Konferenz von 1954 ging der Krieg weiter. Die USA wollten im Kalten Krieg ein weiteres Ausbreiten des → *Kommunismus* in Südostasien verhindern und stellten sich auf die Seite des diktatorisch regierten Südvietnams (→ *Diktatur*). Die Sowjetunion und die Volksrepublik China unterstützten politisch und militärisch das kommunistische Nordvietnam. Obwohl die Amerikaner Nordvietnam seit 1964 mit wachsender Heftigkeit bombardierten und über 500 000 Soldaten einsetzten, konnten sie den Dschungel- und Partisanenkrieg nicht gewinnen. Vor allem auf öffentlichen Druck zog Präsident Richard Nixon 1973 die US-Soldaten aus Vietnam zurück. 1975 hatte Nordvietnam den Krieg gewonnen. Seitdem wird Vietnam sozialistisch regiert (→ *Sozialismus*).

Proteste und Reformen

In den 1960er-Jahren erfasste die von den USA ausgehende studentische Protestbewegung auch die Bundesrepublik Deutschland. Die westdeutsche → „*68er-Bewegung*" stellte Autoritäten und überkommenes Verhalten infrage, forderte eine offene Auseinandersetzung mit dem → „*Dritten Reich*", kritisierte die Konsumorientierung der Eltern und verlangte die Gleichberechtigung der Frauen und das Ende des Vietnam-Krieges. Den Wünschen nach Veränderung kam ab 1969 die SPD/FDP-Regierung unter Bundeskanzler → *Willy Brandt* nach, indem sie zahlreiche → *Reformen* durchsetzte und den Sozialstaat ausbaute.

Brandt initiierte eine → *Neue Ostpolitik*. Sie war Teil der internationalen Entspannung. Die seit 1970 abgeschlossenen Ostverträge bestätigten die Oder-Neiße-Grenze gegenüber Polen. 1973 billigte der Bundestag den → *Grundlagenvertrag*, in dem sich die Bundesrepublik und die DDR als gleichberechtigte Staaten anerkannten. Die Bundesregierung hielt am Recht der Deutschen fest, in freier Selbstbestimmung ihre staatliche Einheit wiederherzustellen. Anschließend traten beide Staaten der → *UNO* bei.

Eine weltweite Wirtschaftskrise und linksextremer Terrorismus erschwerten die Arbeit der sozialliberalen Koalition unter dem seit 1974 amtierenden Bundeskanzler → *Helmut Schmidt*. Ein grundsätzlicher Streit zwischen SPD und FDP über die Wirtschafts- und Sozialpolitik führte 1982 zum Regierungswechsel. Die CDU/CSU übernahm mit der FDP unter → *Helmut Kohl* die Regierung.

Die DDR in der Krise

Im Schatten der Mauer erholte sich die DDR wirtschaftlich kurzzeitig. 1971 löste → *Erich Honecker* → *Walter Ulbricht* als SED-Chef ab. Die DDR erreichte in den 1970er-Jahren zwar internationale Anerkennung, doch gleichzeitig überwachten, kontrollierten und schikanierten Mitarbeiter des → *Ministeriums für Staatssicherheit (MfS)* das Volk. Steigende wirtschaftliche Probleme, politische Reformunfähigkeit und die Missachtung der → *Menschen- und Bürgerrechte* prägten die Innenpolitik des SED-Staates in den 1970er- und 80er-Jahren.

Bundesrepublik Deutschland

Bundespräsidenten

1949–1959	Theodor Heuss (FDP)
1959–1969	Heinrich Lübke (CDU)
1969–1974	Gustav Heinemann (SPD)
1974–1979	Walter Scheel (FDP)
1979–1984	Karl Carstens (CDU)
1984–1994	Richard Freiherr von Weizsäcker (CDU)
1994–1999	Roman Herzog (CDU)
1999–2004	Johannes Rau (SPD)
2004–2010	Horst Köhler (CDU)
seit 2010	Christian Wulff (CDU)

Bundeskanzler

1949–1963	Konrad Adenauer (CDU)
1963–1966	Ludwig Erhard (CDU)
1966–1969	Kurt Georg Kiesinger (CDU)
1969–1974	Willy Brandt (SPD)
1974–1982	Helmut Schmidt (SPD)
1982–1998	Helmut Kohl (CDU)
1998–2005	Gerhard Schröder (SPD)
seit 2005	Angela Merkel (CDU)

Deutsche Demokratische Republik

Präsident

1949–1960	Wilhelm Pieck*

** gemeinsam mit Otto Grotewohl auch Vorsitzender der Sozialistischen Einheitspartei Deutschlands (SED)*

Vorsitzender des Staatsrats*

1960–1973	Walter Ulbricht
1973–1976	Willi Stoph
1976–Okt. 1989	Erich Honecker
Okt.–Dez. 1989	Egon Krenz
Dez. 1989–April 1990	Manfred Gerlach

** Der Form nach war seit 1960 der von der Volkskammer gewählte Staatsrat das Staatsoberhaupt, tatsächlich war jedoch der Generalsekretär der SED der oberste Repräsentant der DDR.*

Generalsekretäre der SED

1950–1971	Walter Ulbricht
1971–Okt. 1989	Erich Honecker
Okt.–Dez. 1989	Egon Krenz

Neuordnung der Welt und deutsche Einheit

1975	*Die KSZE-Schlussakte von Helsinki nennt Grundsätze für das friedliche Zusammenleben der Völker in Europa.*
1985	*Gorbatschow beginnt in der Sowjetunion seine Reformen.*
9. Nov. 1989	*In Berlin fällt im Rahmen einer friedlichen Revolution in der DDR die Mauer.*
3. Okt. 1990	*Durch den Beitritt der fünf „neuen" Bundesländer zur Bundesrepublik Deutschland wird die Wiedervereinigung vollzogen.*
1992	*Zwölf westeuropäische Regierungschefs unterschreiben in Maastricht den „Vertrag über die Europäische Union".*
2001	*Bei Anschlägen radikal-islamistischer Terroristen kommen etwa 2 800 Menschen in New York und Washington ums Leben; die US-Regierung kündigt einen „Feldzug" gegen den Terrorismus an; in Afghanistan und im Irak beginnen „Antiterrorkriege".*
2004	*Die EU wächst von 15 auf 25 Mitgliedstaaten (Osterweiterung).*

Das Ende des Kalten Krieges

Eine Chance, den Ost-West-Konflikt zu überwinden, boten die 1973 begonnenen Verhandlungen der → *Konferenz über Sicherheit und Zusammenarbeit in Europa (KSZE)* in Helsinki (Finnland). Die KSZE-Schlussakte von 1975 regelte das künftige friedliche Miteinander von Ost und West. Zugleich stärkte sie mit den Forderungen nach → *Menschen- und Bürgerrechten* die Bürgerrechtsbewegungen in den Ostblockstaaten. Den Fortgang des Wettrüstens zwischen den Blöcken konnte sie aber nicht verhindern.

Als die Sowjetregierung Anfang der 1980er-Jahre in Europa neue Mittelstreckenraketen stationieren wollte, beschloss die → *NATO*, ebenfalls Raketen aufzustellen, falls Moskau keine Zugeständnisse mache (NATO-Doppelbeschluss). Die Sowjetunion stellte ihre Raketen auf. Die USA reagierten mit einer „Politik der Stärke und des

Dialogs". Der Rüstungswettlauf nahm zu und die laufenden Verhandlungen zur Rüstungskontrolle wurden 1983 abgebrochen.
1985 kam → *Michail S. Gorbatschow* in der UdSSR an die Macht. Er nahm das amerikanische Gesprächsangebot an. Seine als → *Glasnost und Perestroika* bezeichnete Reformpolitik (→ *Reform*) setzte innen- und außenpolitische Veränderungen in Gang. Mit ihnen wollte Gorbatschow die Sowjetunion erhalten. Letztlich förderte er aber damit ihren Zusammenbruch.
Die seit 1987 fortgeführten Abrüstungsverhandlungen zwischen der Sowjetunion und den USA trugen zum Ende des → *Kalten Krieges* in den Jahren 1989/90 bei.

Der Zusammenbruch der DDR und die deutsche Einigung
Die Reformen in der Sowjetunion wirkten befreiend auf die Oppositionsbewegungen in den anderen sozialistischen Staaten Ostmitteleuropas (→ *Sozialismus*). Überall brach das kommunistische System (→ *Kommunismus*) fast gewaltlos zusammen – auch in der DDR. Dort setzte aufgrund der schlechten wirtschaftlichen Lage, der nachgewiesenen Wahlfälschungen und der Menschenrechtsverletzungen des → *Ministeriums für Staatssicherheit* eine Massenflucht über die ungarisch-österreichische Grenze ein. Sie wurde begleitet von einer anwachsenden Protestbewegung. Das brachte das SED-Regime ins Wanken (→ *Montagsdemonstrationen*). Am 18. Oktober 1989 wurde der Staatsratsvorsitzende → *Erich Honecker* vom SED-Politbüro zum Rücktritt von seinen Ämtern genötigt. Doch die Änderungen in der politischen Führung reichten den Demonstranten nicht. Mit einer „friedlichen Revolution" erzwangen sie die Öffnung der → *Berliner Mauer* am 9. November 1989 (→ *Mauerfall*) und das Ende der SED-Herrschaft.
In Verhandlungen mit den vier Siegermächten des → *Zweiten Weltkrieges*, den USA, der Sowjetunion, Großbritannien und Frankreich, gelang es den Regierungen beider deutscher Staaten, die Zustimmung zur Wiedervereinigung Deutschlands zu erreichen. Am

12. September 1990 trat der „Zwei-plus-Vier-Vertrag“ in Kraft. Durch ihn erhielt das geeinte Deutschland die volle Souveränität über seine inneren und äußeren Angelegenheiten zurück. Zugleich wurden die Grenzen Deutschlands, besonders die deutsch-polnische, bestätigt.
Die Existenz der DDR endete am 3. Oktober 1990 mit dem Betritt der fünf östlichen Bundesländer zur Bundesrepublik Deutschland. Der Bundestag bestimmte dieses Datum zum Nationalfeiertag („Tag der deutschen Einheit“). Damit war die → *Deutsche Frage* gelöst.

Auf dem Weg zu einem geeinten Europa

Die → *europäische Einigung* ging weiter: Aus dem „Europa der 6“ (1957) wurde bis 1973 das „Europa der 9“. 1979 wählten die Bürger erstmals ein Europäisches → *Parlament*. Ab 1986 bemühten sich zwölf Staaten um eine gemeinsame Wirtschafts-, Außen- und Sicherheitspolitik. 1993 trat der Vertrag von Maastricht über die „Europäische Union“ (EU) in Kraft. Er vertiefte die Zusammenarbeit, führte die Unionsbürgerschaft ein und stellte die Weichen für eine gemeinsame Währung. Am 1. Januar 2002 wurde der Euro als Bargeld eingeführt. Aber nicht alle Mitgliedstaaten übernahmen ihn.
Nachdem sich die bisherige Teilrepublik Slowenien 1991 für unabhängig erklärt hatte, begann der Vielvölkerstaat Jugoslawien zu zerfallen. Slowenien wurde 2004 EU-Mitglied, andere Nachfolgestaaten gehören zu den Beitrittskandidaten.
Auch viele ehemalige „Ostblockstaaten“ beantragten die Aufnahme in die NATO und in die EU, nachdem sich einige ehemalige Sowjetrepubliken 1991 in der „Gemeinschaft Unabhängiger Staaten“ (GUS) zusammengeschlossen hatten und das östliche Militärbündnis (→ *Warschauer Pakt*) aufgelöst worden war. 1997 begannen die Verhandlungen über einen EU-Beitritt. Zu den Aufnahmebedingungen zählen die Anerkennung des EU-Rechts, eine demokratische Staatsordnung (→ *Demokratie*) und die Einführung einer freien Marktwirtschaft. Bis 2007 konnten zwölf neue Staaten der EU beitreten,

darunter zehn aus Ost- und Mitteleuropa. Seit dem 1. Januar 2007 hat die EU 27 Mitgliedstaaten mit zusammen rund 500 Mio. Einwohnern. Weitere Länder streben die Aufnahme an.
Auch die NATO wurde – zum Missfallen Russlands– erweitert. 1999 traten Polen, Ungarn und die Tschechische Republik bei, 2004 folgten Litauen, Lettland und Estland.
Russland bemüht sich seit dem Zerfall der Sowjetunion um die Anerkennung als Großmacht. Die USA bauten nach dem Ende des Ost-West-Konflikts ihre Rolle als einzige verbliebene Weltmacht aus.

Terror als neue Herausforderung
Die Anschläge radikal-islamistischer Terroristen auf das World Trade Center in New York am 11. September 2001 schockierten die Welt und führten zu „Antiterrorkriegen“ in Afghanistan (seit 2001) und im Irak (2003). Während der UN-Sicherheitsrat den Krieg gegen die islamistische Taliban-Führung in Afghanistan billigte, war das im Irak-Krieg nicht der Fall. Trotzdem griffen die USA mit ihren Verbündeten den Irak an und stürzten die → *Diktatur*. Die neue Regierung konnte den Bürgerkrieg zwischen politisch und religiös verfeindeten Gruppen nicht stoppen. Er wurde von einem Kampf gegen die Besatzungsmächte begleitet.
Neben anderen Problemen wie dem Nord-Süd-Konflikt (→ *„Dritte Welt“*), globaler Umweltzerstörung und dem Klimawandel ist die Bekämpfung des Terrors eine große Aufgabe am Anfang des 21. Jahrhunderts.

Begriffe

Ablass, -handel: Nachlass der Strafen für Sünden gegen bestimmte Leistungen (Geldspende, Teilnahme an einer Wallfahrt oder an einem → *Kreuzzug*). Voraussetzungen für den Ablass waren Reue, Beichte und Freisprechung von den Sünden (Absolution) durch einen Priester. → *Luther* kritisierte den Ablasshandel, mit dem die weltlichen und geistlichen Herren ihre Einkünfte steigerten.

Absolutismus (lat. *legibus absolutus*: von den Gesetzen losgelöst): monarchische Herrschaftsform (→ *Monarchie*) des 17. bis 19. Jh., in der Fürsten ihre Stellung von Gott ableiteten (→ *Gottesgnadentum*) und versuchten, „losgelöst" von den Gesetzen und den Ständen (Geistlichkeit, → *Adel* und → *Bürger*) zu regieren. Die „absolutistischen" Fürsten fühlten sich nur Gott und ihrem Gewissen verantwortlich. Ihr wichtigstes Machtmittel war das → *stehende Heer*.

Acht → *Reichsacht*

„68er-Bewegung": Angeregt durch die amerikanische Bürgerrechtsbewegung protestierten in der Bundesrepublik Deutschland seit Mitte der 1960er-Jahre Schüler und Studenten gegen die politischen und wirtschaftlichen Verhältnisse, gegen überlieferte Vorstellungen in Elternhaus, Schule und Universität sowie gegen den Krieg der USA in Vietnam. Viele wollten die „kapitalistischen" Verhältnisse (→ *Kapitalismus*) durch „sozialistische" (→ *Sozialismus*) ersetzen.
Höhepunkte der „68er-Bewegung" entstanden nach der Ermordung des friedlichen Demonstranten Benno Ohnesorg im Juni 1967 und nach dem Attentat auf den Studentenführer Rudi Dutschke im April 1968 in Berlin. Die „68er" stärkten das politische Interesse der Bevölkerung, förderten Bürgerbewegungen, änderten Erziehungsstile und probierten neue Formen des Zusammenlebens aus.

Adel: in der → *Antike* die herrschende Schicht; in der Römischen Republik die → *Patrizier*. Die herausgehobene Stellung des Adels in der Gesellschaft beruhte auf Leistungen im Krieg, Herkunft aus einer besonderen Familie oder Besitz über Land und Leute. Im → *Mittelalter* bildete der Adel (althochdeutsch *adal*: Geschlecht) einen Stand der → *Ständegesellschaft*. Er bestand aus Familien, die aufgrund von Geburt, Besitz oder Leistung eine höhere Stellung einnahmen. Vom übrigen Volk grenzte er sich durch Vorrechte (Privilegien), Umgangsformen und Kleidung ab. Zum niederen Adel gehörten die → *Ritter* und (ursprünglich unfreien) Dienstmannen (Ministerialen) der → *Könige*. Zum Hochadel zählten Herzöge (→ *Stammesherzog*) und die Vertreter der Könige in einem Amtsbezirk, die → *Grafen*. Die Herrscher nahmen sich das Recht, verdiente Personen in den Adelsstand zu erheben. Seit dem 14. Jh. konnte der Adelsstand durch einen Adelsbrief des → *Kaisers* verliehen werden: „Briefadel" im Gegensatz zum Uradel. Im Verlauf der Novemberrevolution von 1918 wurden in Deutschland alle Adelsvorrechte aufgehoben. Adelsbezeichnungen sind Teil des Namens und werden nicht mehr verliehen.

Altsteinzeit: erster Abschnitt der → *Geschichte*, der vor etwa 2,5 Millionen Jahren begann. Damals lebten die Menschen als → *Nomaden* vom Jagen und Sammeln (→ *Jäger und Sammler*). Sie lernten, das Feuer zu gebrauchen; Werkzeuge und Waffen fertigten sie aus Stein, Knochen und Holz.

Anti-Hitler-Koalition: die von 1941 bis 1945 verbündeten Gegner des nationalsozialistischen Deutschland (→ *Nationalsozialismus*). An der Spitze der Koalition standen die USA, Großbritannien und die Sowjetunion. Die „Großen Drei" besprachen auf den Kriegskonferenzen ihre Zusammenarbeit und legten ihre Ziele fest, z. B. die → *bedingungslose Kapitulation* vom 8./9. Mai und die → *Entnazifizierung* (→ *Potsdamer Konferenz*).

Antike (lat. *antiquus*: alt): in der europäischen → *Geschichte* die Zeit von etwa 1 000 v. Chr. bis ins 5. Jh. n. Chr., in der die Griechen und Römer den Mittelmeerraum beherrschten und kulturell prägten.

Antisemitismus: wörtlich „Semitenfeindschaft" (*Semiten*: Angehörige einer verwandten Gruppe von Völkern in Vorderasien und Nordafrika); der Begriff bezieht sich aber nur auf Juden (→ *Judentum*). Die um 1880 in Deutschland entstandene Bezeichnung meint die seit dem 1. Jh. n. Chr. bestehende Ablehnung oder Bekämpfung von Juden aus religiösen oder sozialen Gründen sowie die in der 2. Hälfte des 19. Jh. beginnende rassisch (biologisch) begründete Judenfeindschaft (→ *Rassenideologie*). Der → *Nationalsozialismus* stellte den Antisemitismus ins Zentrum seiner Weltanschauung und Politik. Seine Anhänger rechtfertigten damit die → *„Nürnberger Gesetze"* und die → *„Arisierung"* jüdischen Eigentums ebenso wie die systematische Vernichtung der Juden (→ *Holocaust*).

Appeasement (dt. Beruhigung, Beschwichtigung): die auf Friedenswahrung zielende britische Außenpolitik gegenüber der auf Expansion angelegten nationalsozialistischen Außenpolitik (→ *Nationalsozialismus*). Um die angespannte Lage in Europa zu beruhigen, akzeptierten die Regierungschefs von Großbritannien, Frankreich und Italien auf der Konferenz von München 1938 die Abtretung der überwiegend von Deutschen bewohnten Grenzgebiete Böhmens (Sudetenland) von der Tschechoslowakei (→ *Münchener Abkommen*). Die Appeasement-Politik blieb erfolglos; im März 1939 ließ → *Hitler* ganz Böhmen und Mähren besetzen.

Arbeiterbewegung: Zusammenschluss von Arbeitern, um ihre soziale, wirtschaftliche und politische Benachteiligung zu beseitigen. Den Anfang der deutschen Arbeiterbewegung bildeten kleine Gesellen- und Handwerkervereine. Die Allgemeine Deutschen Arbeiterverbrüderung von 1848 forderte ein allgemeines, gleiches Wahlrecht und einen spürbaren Beitrag der Regierungen zur Lösung der → *Sozialen Frage*. Wichtige Aufgaben in der Arbeiterbewegung übernahmen die Gewerkschaften und der 1863 gegründete Allgemeine Deutsche Arbeiterverein, die Keimzelle der Sozialdemokratischen Partei Deutschlands (→ *Sozialdemokratie*).

„Arisierung“: NS-Bezeichnung für die Vernichtung der wirtschaftlichen Existenz der deutschen Juden (→ *Judentum*) nach 1933. Ihr Eigentum wurde meistens zwangsenteignet und unter Wert an „arische“ Erwerber verkauft. Nach den → *Novemberpogromen* gab es eine gesetzliche Zwangsarisierung jüdischer Unternehmen.

Aristokratie (griech. *aristos*: Bester; *kratia*: Herrschaft = „Regierung der Besten“): Ordnung des Zusammenlebens, in der die Abstammung von einer vornehmen Familie (→ *Adel*) Voraussetzung für die politische Macht war.

Aufklärung: Epoche der Wissenschafts- und Geistesgeschichte im 17. und 18. Jh. Die Aufklärer verließen sich bei ihrer Suche nach der Wahrheit auf Vernunft (lat. *ratio*), Experimente und Erfahrungen (griech. *empeiria*). Sie setzten sich für eine bessere Schulbildung der Menschen ein. Der bedeutendste deutsche Aufklärer war → *Kant*. Unter dem Einfluss der Aufklärung entstand auch der aufgeklärte → *Absolutismus*. Fürsten wie → *Friedrich II., der Große*, von Preußen regierten nach Vorstellungen der Aufklärer, ohne dabei ihre „absolutistische“ Macht aufzugeben.

balance of power → *Gleichgewichtspolitik*

Bann: Kirchenstrafe, die den Verurteilten aus der Gemeinschaft der Gläubigen ausschloss. Der Bann konnte durch Buße aufgehoben werden (→ *„Gang nach Canossa“*).

Bedingungslose Kapitulation (engl. *unconditional surrender*): Forderung der Vereinigten Staaten und Großbritanniens von 1943 gegenüber Deutschland, Italien und Japan. Die für den → *Zweiten Weltkrieg* verantwortlichen Staaten sollten sich ohne Verhandlungen und Forderungen ergeben und anschließend von den Siegermächten politisch neu geordnet werden, ohne dafür Bedingungen stellen zu dürfen.

Benediktinerregel (lat. *regula Benedicti*): Um das Zusammenleben im → *Kloster* zu ordnen, entstand wohl im 6. Jh. eine Regel, die → *Benedikt von Nursia* verfasst haben soll. Die seit dem 7. Jh. überlieferte Regel verpflichtete die Mönche und Nonnen (→ *Mönchtum*), arm und ehelos zu leben, ihrem Abt zu gehorchen und ihrem Kloster treu zu bleiben. Ziel der Regel war es, ein weltabgewandtes, religiös bestimmtes Leben zu sichern, zu beten und zu arbeiten (lat. *ora et labora*: bete und arbeite). Die Benediktinerregel galt ab 816 im Karolingischen Reich für alle Klöster. Im 11. Jh. übernahmen sie auch andere → *Orden* wie die Zisterzienser. Auch die im 13. Jh. gegründeten Bettelorden (Franziskaner und Dominikaner) orientierten sich an der Benediktinerregel; sie lehnten aber die feste Bindung an ein Kloster ab.

Berliner Mauer: Um die steigende Abwanderung ihrer Bürger in die Bundesrepublik Deutschland zu beenden, ließ die Regierung der DDR nach Absprache mit der Sowjetunion ab dem 13. August 1961 eine 43,7 km lange Mauer quer durch das Stadtgebiet Berlins errichten. An der militärisch gesicherten Sperranlage starben zwischen 1961 und 1989 mehr als 130 Menschen. Die Öffnung der Mauer am 9. November 1989 war der Anfang vom Ende der DDR (→ *Mauerfall*).

Besatzungszonen: Deutschland und Österreich wurden nach dem → *Zweiten Weltkrieg* von den Siegermächten in jeweils vier Besatzungszonen aufgeteilt – eine amerikanische, eine britische, eine französische und eine sowjetische. Aus den westlichen Besatzungszonen Deutschlands ging 1949 die Bundesrepublik Deutschland, aus der sowjetischen die DDR hervor.

Bevölkerungsexplosion: schnelles Wachstum der Bevölkerung durch hohe Geburtenraten, geringe Säuglings- und Kindersterblichkeit und längere Lebenserwartungen. Bis zur Mitte des 17. Jh. dauerte es rund 1 000 Jahre, bis sich die Bevölkerung verdoppelte. Seit Mitte des 18. Jh. – gleichzeitig mit der → *Industriellen Revolution* – geschah dies in weniger als 200 Jahren: Bevölkerungsexplosion und → *Industrialisierung* bedingten sich gegenseitig. Gründe waren weniger Kriege und Seuchen, eine bessere Ernährung und Fortschritte in der Medizin.

Biografie: die Lebensgeschichte einer Person. Über berühmte Politiker, Wissenschaftler, Schriftsteller, Schauspieler und Sportler werden oft Biografien verfasst. Stellt eine Person ihren Lebenslauf selbst dar, ist es eine Autobiografie.

Bischof (griech. *episkopos*: Aufseher): Gemeindevorsteher. Er überwachte die Einhaltung der Glaubenslehre, weihte die Priester und durfte über Angehörige der Kirche richten. Im Deutschen Reich kamen Bischöfe meist aus dem hohen → *Adel*.

Bolschewismus: Die Bezeichnung geht zurück auf die Spaltung der Sozialdemokratischen Arbeiterpartei Russlands in Menschewiki (dt. Minderheitler) und Bolschewiki (dt. Mehrheitler).
Tatsächlich hatten die Bolschewiki keine Mehrheit in der Sozialdemokratischen Arbeiterpartei. Unter → *Lenins* Führung wollten sie die Macht mit einer kleinen Gruppe von Berufsrevolutionären gewaltsam übernehmen. Nach der → *Oktoberrevolution* von 1917 (→ *Revolution*) errichteten sie eine „Diktatur des Proletariats" (→ *Diktatur*, → *Proletariat*), um eine angeblich klassenlose Gesellschaft zunächst in Russland und dann auf der ganzen Welt zu ver-

wirklichen (→ *Sozialismus*). Die Begriffe „Bolschewismus" und → „*Kommunismus*" wurden später oft für die gleiche Sache benutzt.

Britisches Weltreich (engl. *British Empire*): Großbritannien war Anfang des 20. Jh. die größte Kolonialmacht der Welt mit Besitzungen auf allen Kontinenten (→ *Imperialismus*). Das Britische Weltreich zerfiel mit der Dekolonisation (→ *Kolonisation*) nach dem → *Zweiten Weltkrieg* und ging zum größten Teil im Commonwealth auf, einer freien Verbindung unabhängiger Staaten, die vor allem wirtschaftlich zusammenarbeiten.

Bronzezeit: Abschnitt der → *Geschichte*, der um 1800 v. Chr. in Mitteleuropa die → *Jungsteinzeit* ablöste. In dieser Zeit stellten die Menschen Waffen, Geräte und Schmuck aus Bronze her.

Buchdruck → *Gutenberg*

Bündnissystem: Teil der Diplomatie und Außenpolitik. Die Außenpolitik des Reichskanzlers → *Bismarck* zielte nach 1871 darauf, Frankreich von anderen Staaten zu isolieren und Österreich-Ungarn, Italien und Russland durch Bündnisse an das Deutsche Reich zu binden. Der Zerfall des Bismarckschen Bündnissystems nach 1890 trug zur außenpolitischen Isolierung des Deutschen Reiches vor dem → *Ersten Weltkrieg* bei. Nach dem → *Zweiten Weltkrieg* entstanden 1949 die → *NATO* und 1955 der → *Warschauer Pakt* als vorherrschende Bündnissysteme.

Bürger: im → *Mittelalter* alle freien Bewohner einer Stadt, die das Bürgerrecht besaßen und damit am politischen und sozialen Leben der Stadt teilnehmen durften. Das Bürgerrecht war im Mittelalter erblich. Es beruhte auf städtischem Grundbesitz. Kein Bürgerrecht hatten Gesellen, Gesinde, Arme und Juden (→ *Judentum*) (seit dem 12./13. Jh.). Heute sind Bürger alle Mitglieder eines Staates.

Bürgertum: Vom → *Mittelalter* bis Ende des 18. Jh. bildete dieser Bevölkerungsteil den dritten Stand der Gesellschaft; zu ihm gehörten freie Bauern und → *Bürger*. In den bürgerlichen → *Revolutionen* des 18. und 19. Jh. erstritt das Bürgertum seine rechtliche und politische Gleichberechtigung mit dem Klerus (erster Stand) und dem → *Adel* (zweiter Stand).

Byzanz: Bezeichnung für die östliche, griechisch-orientalisch geprägte Hälfte des Römischen Reiches. 330 hatte → *Kaiser* → *Konstantin I.* die alte griechische Stadt Byzantion zur Hauptstadt des Oströmischen Reiches gemacht. Aus Byzantion wurde Konstantinopel. Das Byzantinische Reich endete mit der Eroberung Konstantinopels durch die Osmanen 1453. Aus Konstantinopel wurde Istanbul.

Canossa → *„Gang nach Canossa"*

Christentum: auf → *Jesus Christus* zurückgehende monotheistische Religion (→ *Monotheismus*). Im römischen Weltreich wurde das Christentum 391 n. Chr. zur alleinigen → *Staatsreligion*. Das Christentum teilte sich im → *Mittelalter* in einen katholischen und griechisch-orthodoxen Bereich auf. Die von → *Luther* eingeleitete → *Reformation* führte in der → *Neuzeit* zur → *Kirchenspaltung*.

Christianisierung: Im Römischen Reich wurde die auf → *Jesus Christus* zurückgehende Religion (→ *Christentum*) 391 n. Chr. zur alleinigen → *Staatsreligion* erklärt. Dies war Voraussetzung für die Christianisierung der im → *Imperium Romanum* lebenden Bevölkerung. Im → *Mittelalter* wurde sie durch die → *Missionierung* fortgesetzt.

Containment-Politik: Eindämmungspolitik der USA nach dem → *Zweiten Weltkrieg*, um eine Ausbreitung des Einflusses der UdSSR zu verhindern (→ *Kalter Krieg*, → *Truman-Doktrin*).

Demokratie (griech. *demos*: Volk; *kratia*: Herrschaft): Herrschaft des Volkes über sich selbst. In Athen konnten sich seit Mitte des 5. Jh. v. Chr. alle einheimischen und wehrfähigen → *Bürger* an der Regierung und Rechtsprechung beteiligen; bei Wahlen und Abstimmungen entschied die Mehrheit der Stimmen. Die amerikanische Unabhängigkeitserklärung (1776) und die → *Französische Revolution* gaben dem Wunsch nach → *Volkssouveränität* und demokratisch gewählten Regierungen eine neue Bedeutung. Im → *Deutschen Kaiserreich* wurde zwar der → *Reichstag* demokratisch gewählt, doch die Regierung wurde vom → *Kaiser* bestimmt. Erst die → *Weimarer Verfassung* von 1919 bildete die Grundlage für eine → *parlamentarische Demokratie* in Deutschland.

Deutsche Frage: Frage nach der Einheit Deutschlands, insbesondere zwischen 1949 und 1990. Nach dem Scheitern der Viermächte-Verwaltung Deutschlands 1948 und der Gründung der Bundesrepublik Deutschland und der DDR 1949 war es Ziel der westdeutschen Politik, die Einheit Deutschlands durch das Selbstbestimmungsrecht des deutschen Volkes wiederherzustellen. Auch die DDR bekannte sich zunächst zur deutschen Einheit, gab diese Position dann aber auf. Im → *Grundlagenvertrag* von 1972 erkannten sich die beiden deutschen Staaten an; die Bundesrepublik mit dem Vorbehalt, dass die Deutschen ihre Einheit in „freier Selbstbestimmung" anstreben würden. Das Ende des → *Kalten Krieges* ermöglichte am 3. Oktober 1990 die friedliche Wiedervereinigung.

Deutscher Bund: auf dem → *Wiener Kongress* 1815 gegründeter Zusammenschluss von anfangs 34 unabhängigen (souveränen) Fürsten und vier freien Städten (Lübeck, Hamburg, Bremen und Frankfurt am Main). Ziel des Deutschen Bundes war, die innere und äußere Sicherheit der Mitgliedstaaten zu gewährleisten. Sitz der Bundesversammlung (Bundestag) war Frankfurt am Main.

Deutscher Zollverein: wirtschaftlicher Zusammenschluss deutscher Staaten von 1834. Er führte zu einer wirtschaftlichen Einigung ohne Österreich und bereitete den deutschen → *Nationalstaat* vor.

Deutsches Kaiserreich: deutscher Staat, der im Verlauf des Deutsch-Französischen Krieges 1871 auf Betreiben → *Bismarcks* gegründet wurde. Das Deutsche Kaiserreich war nach der → *Verfassung* von 1871 ein konstitutionell-monarchischer Bundesstaat (→ *konstitutionelle Monarchie*), an dessen Spitze der → *König* von Preußen als Deutscher → *Kaiser* stand und in dem gewählte Abgeordnete im → *Reichstag* Gesetzesanträge stellen konnten. → *Militarismus*, technischer und künstlerischer Fortschritt sowie der → *Imperialismus* prägten das Kaiserreich. Es bestand bis zum Ende des → *Ersten Weltkrieges* und wurde nach der Novemberrevolution von 1918 von der Weimarer Republik abgelöst.

Diktatur: Zur Überwindung von Notsituationen konnte in der römischen → *Antike* ein Alleinherrscher (Diktator) für sechs Monate die Regierung übernehmen; seinen Anordnungen mussten sich alle fügen. Seit der → *Französischen Revolution* werden alle undemokratischen Herrschaftsformen (→ *Demokratie*), die die → *Menschen- und Bürgerrechte* nicht beachten, als Diktaturen bezeichnet. Beispiele sind die Sowjetunion, der NS-Staat (→ *„Drittes Reich“*) und die DDR.

„Dolchstoßlegende“: nach 1918 von rechtsradikalen Zeitungen verbreitete und seit 1919 von → *Hindenburg* vertretene Behauptung, die deutsche Armee sei im → *Ersten Weltkrieg* nicht an der Front besiegt, sondern durch fehlende Unterstützung aus der Heimat „von hinten erdolcht“ und zur Kapitulation gezwungen worden. Diese Geschichtsfälschung verschweigt, dass führende Militärs Ende September 1918 die Niederlage gegen die übermächtige Allianz der Gegner eingestanden hatten.

Dreifelderwirtschaft: ertragreiche Methode des Getreideanbaus, die Ende des 8. Jh. eingeführt wurde. Das Ackerland wurde in drei Teile geteilt und im jährlichen Wechsel wie folgt bewirtschaftet: Ein Drittel des Bodens trug Winter-, ein Drittel Sommergetreide und ein Drittel lag brach, damit der Boden wieder Nährstoffe anreichern konnte.

Dreißigjähriger Krieg → „*Westfälischer Frieden*“

„Drittes Reich“: Nach dem Zusammenbruch von 1918 tauchte unter national denkenden Politikern (→ *Nationalismus*) die Forderung auf, nach den beiden deutschen Kaiserreichen (962-1806 und 1871-1918) ein „Drittes Reich“ entstehen zu lassen. Mit der → „*Machtergreifung*“ der Nationalsozialisten (→ *Nationalsozialismus*) von 1933 wurde es üblich, vom „Dritten Reich“ zu sprechen.

„Dritte Welt“: Bezeichnung für die Staaten in Ost und West, die in der Zeit des → *Kalten Krieges* einen „dritten Weg“ zwischen den kapitalistischen („Erste Welt“; → *Kapitalismus*) und den sozialistischen Staaten („Zweite Welt“; → *Kommunismus*) suchten. Der Begriff wurde nach dem Kalten Krieg zum Synonym für alle → „*Entwicklungsländer*“, deren Wirtschaft sowohl hinter den kapitalistischen als auch hinter den sozialistischen Ländern zurückblieb.

Eisenzeit: Abschnitt der → *Geschichte*, der in Mitteleuropa um 1 000 v. Chr. beginnt. Er löste die → *Bronzezeit* ab. Die Menschen hatten gelernt, Waffen, Geräte und Schmuck aus Eisen herzustellen, das härter war als Bronze.

Empire → *Britisches Weltreich*

Entnazifizierung: politische „Säuberung“ durch die Siegermächte (→ *Anti-Hitler-Koalition*), die nach 1946 von deutschen Spruchkammern weitergeführt wurde. Ziel war es, alle NS-Organisationen aufzulösen (→ *Nationalsozialismus*), das Rechtssystem von nationalsozialistischen Einflüssen zu reinigen und alle Frauen und Männer zu bestrafen, die dem NS-Staat und seinen Organisationen in leitenden Funktionen gedient hatten. In der Sowjetischen Besatzungszone wurde die Entnazifizierung dazu genutzt, einen kommunistischen Staat aufzubauen (→ *Kommunismus*), in den westlichen → *Besatzungszonen* erhielten belastete Fachleute eine neue Chance, wenn sie für den Wiederaufbau gebraucht wurden.

Entspannungspolitik: Nach der Kuba-Krise von 1962 bemühten sich die westlichen Regierungen unter Führung der USA gegenüber der Sowjetunion und anderen kommunistischen Staaten (→ *Kommunismus*) um eine andere Politik. Bessere politische, wirtschaftliche und kulturelle Beziehungen sowie Vereinbarungen über Rüstungskontrolle und Gewaltverzicht sollten helfen, den Ost-West-Gegensatz zu überwinden. Die von Bundeskanzler → *Brandt* (SPD) betriebene → *Neue Ostpolitik* war Teil der Entspannungspolitik.

„Entwicklungsländer": Dem Begriff liegt die Vorstellung zugrunde, dass die armen Staaten Afrikas, Asiens und Lateinamerikas sich durch eine moderne Wirtschaft so „entwickeln" können, wie es die Industriestaaten durch die → *Industrialisierung* und Weltwirtschaft geschafft haben. Als „Entwicklungsländer" gelten heute rund 170 unabhängige Staaten, in denen etwa drei Viertel der Weltbevölkerung leben. Sie sind gekennzeichnet durch Armut, starkes Bevölkerungswachstum, schlechte Ernährung, niedrige und ungleich verteilte Einkommen, hohe Arbeitslosigkeit, einseitige Abhängigkeit vom Weltmarkt sowie Mängel im Gesundheits- und Bildungswesen.

„Erfüllungspolitik": Einhaltung der nach dem → *Ersten Weltkrieg* vom → *Versailler Vertrag* 1919 verlangten Wiedergutmachungszahlungen (→ *Reparationen*) und Rüstungsbeschränkungen. Die deutsche Außenpolitik wollte damit auf die Unerfüllbarkeit der Forderungen der Siegermächte hinweisen, um sie zu ändern. Der Begriff „Erfüllungspolitik" wurde von Gegnern der Weimarer Republik missbraucht. Sie verwendeten ihn im Sinne von „Verzichtspolitik" zur Herabsetzung der republikanischen Politiker.

„Ermächtigungsgesetz": vom → *Reichstag* am 23. März 1933 beschlossenes Gesetz, das der Regierung des Reichskanzlers → *Hitler* erlaubte, Gesetze ohne das → *Parlament* zu beschließen. Gegen das zunächst befristete Gesetz, das die → *„Gleichschaltung"* und die nationalsozialistische → *Diktatur* (→ *Nationalsozialismus*) förderte, stimmten nur die anwesenden Abgeordneten der SPD (→ *Sozialdemokratie*).

Erster Weltkrieg: der von 1914 bis 1918 dauernde Krieg, dessen Ursachen in den machtpolitischen Gegensätzen, dem Rüstungswettlauf und der imperialistischen Politik (→ *Imperialismus*) der europäischen Großmächte lagen. Sein Anlass war die Ermordung des österreichischen Thronfolgerehepaares in Sarajevo am 28. Juni 1914. Die Versenkung amerikanischer Schiffe durch deutsche U-Boote sowie das sich andeutende Ende des russischen Zarenreiches trugen zum Kriegseintritt der USA am 6. April 1917 gegen die Mittelmächte (Deutschland, Österreich-Ungarn) bei. Neue Waffen wie Panzer, U-Boote, Flugzeuge und Giftgas töteten viele Menschen (→ *Verdun*).

Europäische Einigung: Am Anfang des Einigungsprozesses nach dem → *Zweiten Weltkrieg* stand die Zusammenarbeit der westeuropäischen Staaten im 1949 gegründeten Europarat und in der 1951 entstandenen Europäischen Gemeinschaft für Kohle und Stahl (EGKS, → *Montanunion*). Der Erfolg führte 1957 zur Gründung der → *Europäischen Wirtschaftsgemeinschaft (EWG)* und der Europäischen Atomgemeinschaft (EURATOM). EGKS, EURATOM und EWG wurden 1967 zur Europäischen Gemeinschaft (EG) zusammengefasst. Sie erhielten gemeinsame Organe (Kommission, Ministerrat, → *Parlament* und

Gerichtshof). Ihre Mitglieder vereinbarten eine intensive wirtschaftliche, außenpolitische, soziale, ökologische und kulturelle Zusammenarbeit. Der Vertrag von Maastricht erweiterte 1992 die Zuständigkeit der Europäischen Gemeinschaft. Er machte den Weg für die Wirtschafts- und Währungsunion frei und erklärte das Staatenbündnis zur Europäischen Union (EU). Die wichtigsten Veränderungen waren die engere Zusammenarbeit in der Außen- und Wirtschaftspolitik und die gemeinsame Währung „Euro“ (1999/2002). Nach der Auflösung des sowjetischen Machtbereiches nahm die EU zwölf weitere Mitglieder auf, davon zehn ehemalige Ostblockstaaten. 2007 zählte die EU 27 Mitgliedstaaten.

Europäisches Gleichgewicht: Grundsatz in den Beziehungen der europäischen Mächte, um die Vorherrschaft (→ *Hegemonie*) eines Staates zu vermeiden (→ *Gleichgewichtspolitik*). Die Gründung des → *Deutschen Kaiserreiches* 1871 hatte das auf dem → *Wiener Kongress* 1815 geschaffene Gleichgewicht zwischen Großbritannien, Frankreich, Russland, Österreich-Ungarn und dem Deutschen Reich infrage gestellt. Mit dem → *Ersten Weltkrieg* zerbrach es endgültig.

Europäische Wirtschaftsgemeinschaft (EWG): Im März 1957 vereinbarten die Mitglieder der → *Montanunion* (Belgien, Frankreich, Italien, Luxemburg, die Niederlande und die Bundesrepublik Deutschland) in den „Römischen Verträgen“ eine gemeinsame Wirtschafts- und Handelspolitik. Der Anfang 1958 in Kraft getretene Vertrag war Grundlage der → *europäischen Einigung*.

Europäische Union → *Europäische Einigung*

familia: in der römischen Gesellschaft die dem Familienoberhaupt („pater familias“) unterstehende Hausgemeinschaft einschließlich der → *Klientel* und → *Sklaven*.

Faschismus: antidemokratische (➔ *Demokratie*) und antikommunistische (➔ *Kommunismus*) sowie extrem nationalistische (➔ *Nationalismus*) Weltanschauung und Bewegung. Sie entstand nach dem ➔ *Ersten Weltkrieg* in Italien und fand in fast allen europäischen Ländern Anhänger. Im Deutschen Reich vertraten die Nationalsozialisten (➔ *NSDAP*) unter ➔ *Hitler* faschistische Vorstellungen.

Feudalismus (von lat. *feodum, feudum*: Lehngut): die Zeit, in der ➔ *Lehnswesen* und ➔ *Grundherrschaft* die Voraussetzung für wirtschaftliche und politische Macht in Europa waren. Sie dauerte bis ins 19. Jh. hinein.

Flucht und Vertreibung: Gemeint ist sowohl die am Ende des ➔ *Zweiten Weltkrieges* einsetzende Flucht von Deutschen aus ihren Heimatgebieten vor der sowjetischen Armee und ihren osteuropäischen Verbündeten sowie die erzwungene Vertreibung, Umsiedlung oder Ausweisung der in den deutschen Ostgebieten und den deutschen Siedlungsgebieten im Ausland lebenden Deutschen nach 1945. Ihre Zahl wird auf etwa 12 bis 14 Millionen (1950) geschätzt.

Französische Revolution: Während der Französischen Revolution (➔ *Revolution*) entstanden zwischen 1789 und 1799 verschiedene Staatsformen. 1791 wurde Frankreich ➔ *konstitutionelle Monarchie*, 1792 demokratische ➔ *Republik* (➔ *Demokratie*) und unter ➔ *Napoleon* ein diktatorisches Kaiserreich (➔ *Diktatur*). Die ➔ *Menschen- und Bürgerrechte* zählen ebenso zum Erbe der Französischen Revolution wie die Schreckensherrschaft der Jakobiner unter ➔ *Robespierre*.

Frühkapitalismus ➔ *Kapitalismus*

„Führerprinzip“: In der ➔ *NSDAP* und ihren Organisationen waren demokratische Beschlüsse (➔ *Demokratie*) nicht üblich, alle Entscheidungen ergingen von oben nach unten. Seit 1922 wurde → *Hitler* in der NSDAP „Führer“ genannt, ab 1934 „Führer und Reichskanzler“.

„Gang nach Canossa“: Höhepunkt des Konfliktes zwischen → *Kaiser* und → *Papst* (→ *Investiturstreit*). → *Heinrich IV.* leistete 1077 in Canossa vor → *Gregor VII.* Buße, um sich vom → *Bann* zu befreien und sein Herrscheramt zu behalten. Seit Ende des 19. Jh. wird eine unliebsame Selbsterniedrigung „Gang nach Canossa“ genannt.

Geozentrisches Weltbild: Vorstellung, dass die Erde im Zentrum unseres Planetensystems steht. Bereits in der → *Antike* gab es Widerspruch gegen diese Auffassung. Sie wurde durch das → *heliozentrische Weltbild* abgelöst (→ *Kopernikus*). Die Kirche hielt lange an dieser Vorstellung fest, damit nicht Gottes Bedeutung als Schöpfer der Erde angezweifelt wird (→ *Galilei*).

Geschichte (lat. *historia*): alles, was Menschen in der Vergangenheit gemacht haben und was durch → *Quellen* überliefert ist.

Gewaltenteilung: eine im 18. Jh. entwickelte Lehre, die sich gegen die „absolutistische“ Regierungsweise (→ *Absolutismus*) richtete. Demnach sind die Hauptaufgaben eines Staates von drei getrennten Einrichtungen zu erfüllen, die sich gegenseitig kontrollieren: Das → *Parlament* (Legislative) beschließt Gesetze, die Regierung (Exekutive) führt sie aus, und die Gerichte (Judikative) sprechen Recht. Die Virginia Bill of Rights von 1776, die amerikanische Bundesverfassung von 1787 und die französische → *Verfassung* von 1791 berücksichtigten die Gewaltenteilung erstmals.

Ghetto: Bezeichnung für ein von anderen Stadtteilen abgetrenntes Wohngebiet. Judenviertel gab es bereits in der Spätantike. Anfang des 13. Jh. beschloss die Kirche die räumliche Trennung von Juden

(→ *Judentum*) und Christen (→ *Christentum*). Sie wurde zunächst kaum befolgt. Das erste Ghetto im Deutschen Reich entstand 1462 in Frankfurt am Main. Die Bezeichnung stammt aus Venedig, wo die Juden seit 1516 im Stadtteil „Ghetto Nuovo" wohnen mussten.
Nach dem Einmarsch deutscher Truppen im Jahre 1939 in Polen und 1941 in die Sowjetunion wurden in allen größeren Städten Ghettos errichtet. Darin wurde die enteignete jüdische Bevölkerung eines Gebietes gefangen gehalten und zur Arbeit für die Besatzer gezwungen (→ *Zwangsarbeit*). Viele Ghettobewohner starben an Hunger und Krankheit. Die Überlebenden wurden ab 1941 in die → *Konzentrations- und Vernichtungslager* deportiert und damit Opfer des → *Holocaust*.

Glasnost und Perestroika: Die Begriffe *Glasnost* (dt. Offenheit, Durchsichtigkeit) und *Perestroika* (dt. Umbau, Umgestaltung) stehen für → *Gorbatschows* Reformpolitik (→ *Reform*) in der Sowjetunion von 1985 bis 1991. Sie sollte die kommunistische Herrschaft (→ *Kommunismus*) sichern, erreichte aber das Gegenteil.

Glaubensspaltung → *Kirchenspaltung*

Gleichgewichtspolitik (engl. *balance of power*: Gleichgewicht der Kräfte): außenpolitisches Ziel der europäischen Großmächte seit dem → *Westfälischen Frieden*, um die → *Hegemonie* eines Staates auf dem Kontinent zu verhindern.

„Gleichschaltung": So nannten die Nationalsozialisten (→ *Nationalsozialismus*) ihre Maßnahmen, Staat, Gesellschaft und Kultur mit ihrer Partei (→ *NSDAP*) personell und ideologisch zu durchdringen und damit zu beherrschen. Nach der Ernennung → *Hitlers* zum Reichskanzler am 30. Januar 1933 (→ *„Machtergreifung"*) begann die „Gleichschaltung" mit dem → *„Ermächtigungsgesetz"* vom 23. März 1933. Sie beendete die demokratische → *Gewaltenteilung*.

Die Nationalsozialisten nahmen den Ländern ihre Eigenständigkeit, führten eine Einparteienherrschaft ein, kontrollierten die Medien, lösten alle Verbände und Einrichtungen auf und integrierten sie in ihre Organisationen.

„Göttinger Sieben“: Eine Gruppe Göttinger Professoren, die 1837 öffentlich dagegen protestierten, dass Ernst August II. von Hannover nach seinem Amtsantritt keinen Eid auf die vier Jahre zuvor erlassene → *Verfassung* leistete. Der → *König* entließ sie. Drei von ihnen, darunter der Sprach- und Literaturwissenschaftler Jacob Grimm, mussten das Land innerhalb von drei Tagen verlassen. Das Ereignis stärkte die liberale und nationale Bewegung (→ *Liberalismus*, → *Nationalismus*) im → *Deutschen Bund*.

„Goldene Bulle“: Dieses Reichsgesetz von 1356, dessen Siegel in einer goldenen Kapsel („Bulle“) aufbewahrt wurde, legte das Verfahren für die Wahl des → *Königs* und → *Kaisers* des → *Heiligen Römischen Reiches Deutscher Nation* fest. König sollte derjenige sein, der bei der Wahl die meisten Stimmen der → *Kurfürsten* erhielt. Im 13. Jh. gab es sieben Kurfürsten: drei geistliche und vier weltliche. Die „Goldene Bulle“ war als „Reichsgrundgesetz“ ein wichtiger Teil der → *Verfassung* des Heiligen Römischen Reiches Deutscher Nation bis zu dessen Ende 1806.

Gottesgnadentum: Rechtfertigung (→ *Legitimation*) der erblichen Herrschaft eines Monarchen (→ *Monarchie*) als direkt von Gott verliehen (→ *Absolutismus*).

Graf: ein Vertreter des → *Königs* in einem Amtsbezirk (Grafschaft). Ein Graf sprach im Auftrag des Königs Recht und sorgte im Krieg für die Aufstellung des Heeres. Das Amt war mit einem Lehen (→ *Lehnswesen*) verbunden, das mit der Zeit erblich wurde. Mit der Entstehung von → *Territorialstaaten* verloren die Grafen ihre Bedeutung.

Grundherrschaft: Herrschaft über Land und Leute. Die Grundherren übergaben Teile ihres Landbesitzes an Bauern (→ *Leibeigene*) zur Bewirtschaftung. Diese mussten ihnen dafür einen Teil der Erträge abliefern und Dienste leisten. Die Grundherren gewährten den Bauern Schutz und Hilfe und durften über sie bei einfachen Straftaten richten. Die größten Grundherren in der Epoche des → *Feudalismus* waren die → *Könige*, der → *Adel* und die Kirche.

Grundlagenvertrag: In dem 1972 unterschriebenen Dokument erkannten die Bundesrepublik Deutschland und die DDR sich als gleichberechtigte Staaten an und verpflichteten sich zu „gutnachbarschaftlichen Beziehungen". Die Bundesrepublik Deutschland hielt an dem Recht des deutschen Volkes fest, seine Einheit „in freier Selbstbestimmung" anzustreben. Der Bundestag billigte den Vertrag im Mai 1973.

Hanse: zunächst eine Gemeinschaft von Kaufleuten im Ost- und Nordseeraum. Unter Führung Lübecks entstand um die Mitte des 13. Jh. ein Bund von freien Hansestädten, der bis zum 15. Jh. im Ostseeraum den Handel beherrschte und zugleich stärkste politische Macht war.

Hegemonie (griech. *hegemonia*: Oberbefehl): Streben eines Herrschers oder Staates um die Vorherrschaft in einem Bündnis oder einem Gebiet. Im → *Mittelalter* entstanden dadurch die → *Territorialstaaten*. In der → *Neuzeit* bemühten sich Frankreich und England um die Vorherrschaft in Europa. Im Zeitalter des → *Imperialismus* strebten die wirtschaftlich-industriellen Mächte Europas, die USA und Japan eine Hegemonie über unterlegene Regionen auf anderen Kontinenten an.

Heilige Allianz: Bündnis, um die monarchische Staatsordnung (→ *Monarchie*, → *Gottesgnadentum*) zu sichern. Nach dem → *Wiener Kongress* verpflichteten sich 1815 die Herrscher Russlands, Preußens und Österreichs, gemeinsam gegen nationale und liberale Bewegungen (→ *Liberalismus*, → *Nationalismus*, → *Restauration*) vorzugehen. Der Heiligen Allianz traten fast alle europäischen Herrscher bei. Sie zerfiel Mitte des 19. Jh.

Heiliges Römisches Reich Deutscher Nation: Bezeichnung für das im 10. Jh. entstandene deutsche Reich der abendländischen → *Kaiser*. Von den anderen Reichen wie Frankreich unterschied es sich dadurch, dass dessen Herrscher sich als Nachfolger der römischen Kaiser und als Schutzherren der römisch-katholischen Kirche verstanden. In den → *Quellen* finden wir erst seit dem 11./12. Jh. die Bezeichnung „Reich der Deutschen“ (lat. *regnum teutonic[or]um*). Die Bezeichnung „Heiliges Reich“ (lat. *sacrum imperium*) ist seit Mitte des 13. Jh. nachweisbar. Ende des 15. Jh. setzte sich für die deutschen Teile der von den habsburgischen Kaisern regierten Gebiete die Bezeichnung „Heiliges Römisches Reich Deutscher Nation“ durch.

Heliozentrisches Weltbild: die von → *Kopernikus* und → *Galilei* vertretene Vorstellung, dass die Sonne im Zentrum unseres Planetensystems steht; es löste das → *geozentrische Weltbild* ab.

Hellenismus: Zeit zwischen dem 3. und 1. Jh. v. Chr., in der unter dem Einfluss → *Alexanders des Großen* die griechische Architektur, Kunst und Sprache über den ganzen Mittelmeerraum und Nordasien verbreitet wurden.

Herzog → *Stammesherzog*

Hieroglyphen (griech. *hieros*: heilig; *glyphe*: Eingeritztes): Schriftzeichen der alten Ägypter, die Laute, Buchstaben und Silben wiedergeben.

Hitler-Jugend (HJ): Von der → *NSDAP* 1926 gegründete NS-Jugendorganisation. Die HJ erreichte nach dem Verbot anderer Jugendorganisationen ab 1933 großen Einfluss. Ende 1936 wurde die Mitgliedschaft in der HJ für alle Kinder und Jugendlichen zwischen zehn und 18 Jahren gesetzliche Pflicht.

Hitler-Putsch: misslungener Versuch → *Hitlers*, des Vorsitzenden der republikfeindlichen und antisemitischen (→ *Antisemitismus*) Nationalsozialistischen Deutschen Arbeiterpartei (→ *NSDAP*), am 8./9. November 1923 in Bayern die Macht gewaltsam an sich zu reißen und mit einem „Marsch auf Berlin" die Reichsregierung in Berlin zu stürzen. Während des → „*Dritten Reiches*" wurde der 9. November als „Tag der nationalen Erhebung" gefeiert.

Hitler-Stalin-Pakt: deutsch-sowjetischer Nichtangriffsvertrag von 1939. Er sicherte das Deutsche Reich vor einer militärischen Auseinandersetzung mit der Sowjetunion und ermöglichte so den deutschen Angriff auf Polen am 1. September 1939. In einem geheimen Zusatzprotokoll wurde die Aufteilung Polens beschlossen.

Hochkultur: eine gegenüber dem einfachen bäuerlichen Leben weiterentwickelte Lebensform. Ihre Kennzeichen sind Städte, große Bauwerke (→ *Pyramide*), Schrift (→ *Hieroglyphen*), Verwaltung, Religion, Rechtspflege, Handwerk, Handel und Arbeitsteilung. Erste Hochkulturen entstanden an den Flüssen Euphrat und Tigris in Mesopotamien (heute Anatolien, Irak und Syrien), am Nil (Ägypten) sowie am Indus in Indien und am Hwangho im Norden Chinas.

Holocaust: Der griechische Begriff *holókaustos* (dt. „völlig verbrannt") bedeutet im Englischen „Inferno" und „Zerstörung". Er wird heute für die systematische Vernichtung von etwa sechs Millionen europäischer Juden (→ *Judentum*) während des → „*Dritten Reiches*" verwendet. Im Hebräischen wird für das Leiden der Juden während dieser

Zeit der Begriff Shoa (Katastrophe) gebraucht. 1996 wurde der 27. Januar in Deutschland zum „Holocaust-Gedenktag" erklärt. Das Datum erinnert an die Befreiung des → *Konzentrations- und Vernichtungslagers* Auschwitz. Seit 2006 gilt auf Beschluss der → *UNO* der „Tag des Gedenkens an die Opfer des Holocaust" weltweit.

Humanismus (lat. *humanitas*: Menschlichkeit): Denkweise, die ab dem 14. Jh. dazu beitrug, dass sich das Wissen über Grammatik, Sprache, → *Geschichte*, Dichtkunst und Morallehre änderte. Die antike Wissenschaft und Kunst (→ *Antike*) waren für Humanisten Ausgangspunkt ihrer Lehren. Der Humanismus prägte die Kunst und Kultur der → *Renaissance*.

Ideologie: Vorstellung, die die Welt aus einer bestimmten Sicht erklärt und dazu auffordert, nach ihren Ideen zu handeln. Beispiele: → *Kommunismus*, → *Imperialismus*, → *Nationalismus* und → *Rassenideologie*.

Imperialismus (lat. *imperium*: Herrschaft): „Großreichspolitik" in allen Epochen. Im engeren Sinne die direkte oder indirekte Herrschaft wirtschaftlich-industriell entwickelter Mächte Europas, der USA und Japans über unterlegene Regionen von ungefähr 1880 bis zum Ende des → *Ersten Weltkriegs*.

Imperium Romanum (lat. *imperare*: befehlen): das Weltreich der Römer; Gebiete unter römischer Herrschaft.

Indigene Völker: Ureinwohner; einheimische Völker. Die Europäer nannten die süd- oder mittelamerikanischen Völker nach ihrer Entdeckung durch → *Kolumbus*, der annahm, Indien entdeckt zu haben, „Indios". Zu den indigenen Völkern zählten die Azteken, Inka und Maya. Die Eroberer zerstörten die wirtschaftlichen Lebensgrundlagen, die hoch entwickelten Kulturen und die Reiche der indigenen Völker.

Industrialisierung (von lat. *industria*: Fleiß, Betriebsamkeit): die durch die → *Industrielle Revolution* ausgelöste Entwicklung. In ihrem Verlauf wurde aus einer Agrargesellschaft, in der die meisten Menschen von der Landwirtschaft lebten, eine Industriegesellschaft, in der die Mehrheit der Erwerbstätigen in der Industrie tätig war. Begleitet wurde die Industrialisierung von einer → *Bevölkerungsexplosion*, der Verstädterung (Urbanisierung) sowie der → *Sozialen Frage*.

Industrielle Revolution: die durch den Einsatz von Maschinen, neue Verkehrs- und Transportmittel und den Handel bewirkte tief greifende Veränderung der Lebens- und Arbeitswelt. Sie begann Mitte des 18. Jh. in England und erfasste die meisten europäischen Staaten sowie die USA. Die Industrielle Revolution veränderte die Gesellschaft umfassend (→ *Industrialisierung*) und zog die → *Soziale Frage* nach sich.

Inflation (lat. *inflatio*: Anschwellen): anhaltende Geldentwertung durch Ansteigen aller Preise. Opfer der Inflation sind vor allem Menschen, die von Ersparnissen leben. Zu besonders starken Inflationen kam es nach dem → *Ersten Weltkrieg* in fast allen kriegführenden Staaten und nach dem → *Zweiten Weltkrieg*. Zu den Ursachen zählte die enorme Staatsverschuldung wegen hoher Rüstungsausgaben vor und während der Kriege. Die → *Währungsreformen* von 1923 und 1948 beendeten sie.

Investitur, -streit (lat. *investire*: bekleiden): → *Könige*, → *Kaiser* und → *Päpste* stritten sich im 11./12. Jh. darüber, wer die → *Bischöfe*, Äbte und Äbtissinnen in ihre Besitzrechte und geistlichen Ämter einsetzen durfte. Der Investiturstreit endete im → *Heiligen Römischen Reich Deutscher Nation* mit einem Vertrag zwischen Papst und König: dem „Wormser Konkordat“ (1122). Darin verzichtete der Kaiser auf die Investitur der Bischöfe, Äbte und Äbtissinnen in ihr geistliches Amt. Er behielt sich aber vor, ihnen die weltlichen Vasallenpflichten (→ *Vasallen*) und die dazugehörenden Rechte zu übertragen.

Islam: Anfang des 7. Jh. von → *Mohammed* gegründete Religion. Das arabische Wort bedeutet die völlige Hingabe der gläubigen Muslime an ihren Gott Allah. Nur derjenige, der diese Hingabe zeigt, gilt als Muslim.

Jäger und Sammler: Menschen, die gruppenweise in der Natur umherzogen (→ *Nomaden*), um sich von wilden Tieren und Pflanzen zu ernähren. Diese Lebens- und Wirtschaftsform dauerte von der → *Altsteinzeit* bis zur → *Jungsteinzeit* an, in der die Menschen allmählich sesshaft wurden (→ *Sesshaftigkeit*), also einen festen Wohnsitz hatten.

Judentum: Bezeichnung für die Religion des „Volkes Israel" sowie aller Menschen, die der jüdischen Gemeinschaft durch Geburt oder Glauben angehören. Der jüdische Glaube ist die älteste monotheistische Religion (→ *Monotheismus*) und beeinflusste → *Christentum* und → *Islam*.

Jungsteinzeit: Abschnitt der → *Geschichte*, der in Mitteleuropa nach der letzten Eiszeit etwa 10 000 v. Chr. beginnt und in dem sich Menschen von wandernden → *Jägern und Sammlern* (→ *Nomaden*) zu sesshaften Ackerbauern und Viehzüchtern entwickelten (→ *Sesshaftigkeit*; → *Neolithische Revolution*).

Kaiser: höchster weltlicher Herrschertitel. Der Begriff ist abgeleitet von dem Namen → *Caesar*, der Bestandteil des Titels der Herrscher des Römischen Reiches seit → *Augustus* war. Das abendländische Kaisertum wurde von → *Karl dem Großen* in Konkurrenz zum byzantinischen Kaisertum geschaffen (→ *Byzanz*). Das Recht, einen Kaiser zu krönen, blieb bis ins Spätmittelalter dem → *Papst* vorbehalten. Mit der Kaiserkrönung → *Ottos I.* 962 wurde das Kaisertum auf das später so genannte → *Heilige Römische Reich Deutscher Nation* übertragen. Kaiser wurde, wer zum deutschen → *König* gewählt worden war (→ „*Goldene Bulle*"). Hauptaufgabe des Kaisers war der Schutz der Kirche und die Erhaltung der Einheit des → *Christentums*. Die → *Reformation* und die → *Kirchenspaltung* ließen diese Aufgaben der Kaiser in den Hintergrund treten. Der letzte vom Papst gekrönte Kaiser war → *Karl V.* (1500-1558). Trotzdem bemühten sich die deutschen Könige um den Titel des Römischen Kaisers. Noch vor Ende des Heiligen Römischen Reiches Deutscher Nation 1806 schuf → *Napoleon* (1769-1821) ein erbliches Kaisertum der Franzosen. Gleichzeitig verzichtete Kaiser Franz II. (1768-1835) auf die römische Kaiserwürde und errichtete das österreichische Kaisertum 1804. Der preußische König Friedrich Wilhelm IV. (1795-1861) lehnte 1849 die von der Frankfurter → *Nationalversammlung* angebotene Kaiserkrone ab. Sein Bruder Wilhelm I. (1797-1888) wurde mit Billigung der deutschen Fürsten Kaiser des 1871 gegründeten → *Deutschen Kaiserreiches*.

Kaiserpfalz → *Pfalz*

Kalender: Verzeichnis der nach Wochen und Monaten geordneten Tage eines Jahres. Schon die alten Ägypter teilten die Zeit in Tage, Monate und Jahre ein. Grundlage waren Beobachtungen sich regelmäßig wiederholender Naturereignisse wie der Umlauf der Erde um die Sonne oder des Mondes um die Erde.

Kalter Krieg: Bezeichnung für den seit 1945/46 den politischen, wirtschaftlichen und militärischen Konkurrenzkampf zwischen den Großmächten USA und UdSSR und ihren Bündnissen (→ *NATO* und → *Warschauer Pakt*). Erstes Zeichen des Kalten Krieges war die → *Truman-Doktrin* von 1947. Frühe Höhepunkte des Kalten Krieges waren die Blockade West-Berlins von 1948 und der Korea-Krieg (1950-1953). Die amerikanische „Politik der Stärke und des Dialogs" und die → *Reformen* → *Gorbatschows* in der Sowjetunion (→ *Glasnost und Perestroika*) beendeten 1989/90 den Kalten Krieg. Die USA wurden einzige Weltmacht.

Kapitalismus: Im 15. Jh. entstand eine Wirtschaftsform, in der es für Unternehmer nicht mehr wie zuvor darum ging, allein ein zum Leben ausreichendes Auskommen zu erwirtschaften, sondern möglichst hohe Gewinne zu erzielen. Beispiele sind die Medici in Florenz und die Fugger in Augsburg. Im Kapitalismus dominieren im Gegensatz zum → *Kommunismus* die Interessen der Unternehmer, die Eigentümer von Besitz und Kapital sind.

Kirchenspaltung: die Aufteilung der mittelalterlichen katholischen Einheitskultur nach der → *Reformation* und dem „Augsburger Religionsfrieden“ von 1555 in mehrere → *Konfessionen* und Kirchen (Katholiken, Lutheraner, Zwinglianer, Calvinisten, Anglikaner und Hugenotten). Zu den Folgen zählen die Glaubenskriege: Je stärker die Konfessionen und ihre Abgrenzung alle Lebensbereiche bestimmten, um so mehr wurden aus zunächst religiös motivierten Konflikten politische Auseinandersetzungen. Ein Beispiel dafür ist der Dreißigjährige Krieg. Der → *Westfälische Frieden* beendete das Zeitalter der Glaubenskriege, nicht aber die Kirchenspaltung.

Klientel: abhängige Personen in der römischen Gesellschaft, die von angesehenen und reichen → *Bürgern* (z. B. → *Patrizier*) Hilfe erhielten. Sie unterstützten ihre Schutzherren (Patrone) bei deren Geschäften oder der Bewerbung um ein politisches Amt.

Kloster (lat. *claustrum*: Verschluss): abgeschlossener Bereich, in dem Mönche oder Nonnen nach bestimmten Regeln unter der Aufsicht eines Abts oder einer Äbtissin leben und arbeiten (→ *Mönchtum*); eine der einflussreichsten Klosterordnungen ist die → *Benediktinerregel*.

König: Herrschertitel; der König regiert und/oder repräsentiert eine → *Monarchie*. Im frühen → *Mittelalter* wurde er von einer adligen Führungsschicht (→ *Adel*) gewählt, auch wenn die Wahl oft nur die Weitergabe des Titels an einen Erben bestätigte. Seit dem 14. Jh. regelte die → *„Goldene Bulle"* das Wahlverfahren im Reich. Könige herrschten im frühen Mittelalter zunächst über eine Gruppe von Menschen (Personenverband) und erst später über ein Gebiet (→ *Territorialstaat*).

Kollektivschuldthese: Unmittelbar nach 1945 unterstellten Opfer und Befreier allen Deutschen eine Mitschuld an den NS-Verbrechen (→ *Nationalsozialismus*). Bei der → *Entnazifizierung* wurde in den westlichen → *Besatzungszonen* schuldhaftes Verhalten einzelner Personen, nicht einer Gruppe (Kollektiv) untersucht und bestraft. In der Sowjetischen Besatzungszone reichte oft die Zugehörigkeit zu einer Gruppe wie Gutsbesitzer, Unternehmer oder Bankiers, um kollektiv verurteilt und enteignet zu werden.

Kolonisation (von lat. *colere*: Land bebauen): Seit dem 8. Jh. v. Chr. wanderten Griechen aus ihrer Heimat aus. Sie gründeten rund ums Mittelmeer und an den Küsten des Schwarzen Meeres „Tochterstädte". Gründe für die Kolonisation waren: Bevölkerungswachstum, Landknappheit, Konflikte zwischen → *Aristokratie* und Volk, Kriege, Handel und Abenteurertum. Nach der Entdeckung Amerikas 1492 begann ein Kolonialzeitalter, in dem die wirtschaftlich und politisch führenden Mächte Europas Kolonien in anderen Kontinenten errichteten. Der Ausbau von Kolonialreichen führte im 19. und 20. Jh. zum → *Imperialismus*. Das → *Deutsche Kaiserreich* verlor nach dem → *Ersten Weltkrieg* seine Kolonien. Der → *Zweite Weltkrieg* leitete das Ende des Kolonialzeitalters ein. In den folgenden 60 Jahren wurden rund 120 ehemalige Kolonien oder abhängige Territorien selbstständig (Dekolonisation).

Kommunismus (lat. *communis*: allgemein, allen gemeinsam): eine politische, soziale und wirtschaftliche Weltanschauung (→ *Ideologie*), die von einem gemeinsamen Eigentum an den Produktionsmitteln wie Boden, Kapital, Fabriken und Maschinen ausgeht, in der es keine Ausbeutung der Arbeiter mehr gibt und Frieden und Gerechtigkeit herrschen. Gegenteil des Kommunismus ist der → *Kapitalismus*. Nach → *Marx* und → *Engels* ist der Kommunismus das anzustrebende Endstadium der gesellschaftlichen Entwicklung (→ *Marxismus*). Seit der → *Oktoberrevolution* betrachtete es Sowjetrussland bzw. die UdSSR als ihre Aufgabe, den Kommunismus weltweit durchzusetzen.

Konferenz über Sicherheit und Zusammenarbeit in Europa (KSZE): Die erste KSZE-Konferenz wurde 1973 eröffnet. Es nahmen die Regierungschefs von 35 Staaten (Mitglieder der → *NATO*, des → *Warschauer Paktes* sowie neutrale und ungebundene europäische Staaten) teil. Sie verpflichteten ihre Länder am Konferenzende 1975 in der Schlussakte von Helsinki zu Gewaltverzicht, zur Unverletzlichkeit der bestehenden Staatsgrenzen, zur Wahrung der → *Menschen- und Bürgerrechte* und zum ständigen Dialog. Mit dem Ende des → *Kalten Krieges* und der Auflösung des Warschauer Paktes änderten sich die Aufgaben der Konferenz. Seit 1995 heißt sie „Organisation für Sicherheit und Zusammenarbeit in Europa“. Sie hat 56 Mitglieder (2010) und ihren Sitz in Wien.

Konfession: christliches Bekenntnis. Mit der → *Reformation* entstand neben dem katholischen das evangelisch-lutherische Glaubensbekenntnis (→ *Luther*), in dem die Bibel als einzige Quelle des Glaubens anerkannt wird. Im Gegensatz dazu sind für die katholischen Christen (→ *Christentum*) auch die Schriften der Kirchenväter und Konzilsentscheidungen Quellen des Glaubens. Die Anhänger des evangelischen Glaubens spalteten sich in weitere Konfessionen wie die Anglikaner, Calvinisten und Zwinglianer (→ *Kirchenspaltung*).

Konstantinopel → *Byzanz*

Konstitutionelle Monarchie: Regierungsform, in der die absolute Macht des Monarchen (→ *Absolutismus*, → *Monarchie*) durch eine → *Verfassung* (lat. *constitutio*) gesetzlich begrenzt wird. Ein → *König* steht zwar weiterhin an der Spitze des Staates, an der Gesetzgebung aber wirkt ein → *Parlament* mit. England wurde nach der Glorious Revolution 1689 konstitutionelle Monarchie.

Konsul (lat. *consul*): einer von zwei Inhabern des höchsten Staatsamtes in der Römischen Republik (→ *Republik*). Die Konsuln wurden für ein Jahr gewählt und besaßen im Krieg den Oberbefehl über die Armee. Nach → *Augustus* ernannten die römischen → *Kaiser* die Konsuln, gleichzeitig verloren sie ihre Rechte.

Kontinentalsperre: von → *Napoleon* 1806 angeordnete Maßnahme, um Handel und Verkehr zwischen dem europäischen Kontinent und England zu verhindern. Die Wirtschaftsblockade war lückenhaft, führte 1812 zum Krieg mit Russland und endete 1813.

Konzentrations- und Vernichtungslager: Anfang des 20. Jh. erstmals für Gefangene eingerichtete Lager. Einen Tag nach dem Reichstagsbrand wurde am 28. Februar 1933 mit der Verordnung des Reichspräsidenten „zum Schutz von Volk und Staat“ die „Rechtsgrundlage“ für die Konzentrationslager geschaffen. Sie entwickelten sich zum wichtigsten Instrument des Staatsterrors im → *SS-Staat*. In ihnen wurden politische Gegner und unerwünschte Minderheiten gefangen gehalten, misshandelt und zur Arbeit gezwungen (→ *Zwangsarbeit*). Ab 1941 entstanden in den von den Deutschen besetzten polnischen und weißrussischen Gebieten Vernichtungslager. In den „Tötungsanstalten“ Auschwitz-Birkenau, Chelmno (dt. Kulmhof), Majdanek, Sobibor und Treblinka wurden Juden (→ *Judentum*) millionenfach ermordet (→ *Holocaust*).

Kreuzzüge: von den → *Päpsten* ausgerufene Kriege gegen die Feinde des christlichen Glaubens (→ *Christentum*). Den Teilnehmern wurde ein Nachlass (→ *Ablass*) ihrer Sündenstrafen versprochen. Der erste Kreuzzug begann 1096, der letzte endeten im Orient 1291 nach der Rückeroberung Akkons durch die Muslime. Der Name wird von dem Kreuz abgeleitet, mit dem sich die Teilnehmer kennzeichneten. Später wurden auch Kriege gegen Abweichler von der römisch-katholischen Lehre (Ketzer) als Kreuzzüge bezeichnet.

„Kulturkampf": Bezeichnung für die Konflikte zwischen Regierung, der katholischen Zentrumspartei und der katholischen Kirche im → *Deutschen Kaiserreich* von etwa 1871 bis 1887. Reichskanzler → *Bismarck* verbot den Geistlichen, im Gottesdienst über Politik und Staat zu sprechen („Kanzelparagraf"), unterstellte die kirchlichen Schulen der staatlichen Aufsicht und trieb mit der Zivilehe die Trennung von Kirche und Staat voran. Das Zentrum ging aus dem „Kulturkampf" jedoch gestärkt hervor; die Zahl seiner Wähler nahm zu.

Kurfürsten: die Fürsten, die den → *König* und → *Kaiser* des Deutschen Reiches „küren" (wählen) durften. Die → *„Goldene Bulle"* von 1356 sah vier weltliche und drei geistliche Kurfürsten vor.

„Lebensraumideologie": fester Bestandteil der NS-Außenpolitik zur Vergrößerung des deutschen „Lebensraumes im Osten" (Polen und Russland). Das Recht dazu leiteten → *Hitler* und andere NS-Größen aus der → *Rassenideologie* ab, nach der das deutsche „Herrenvolk" berechtigt sei, über „minderwertige" Völker zu herrschen (→ *Ideologie*).

Legitimation: Nachweis der Berechtigung zu einer Handlung; Rechtfertigung von Herrschaft (→ *Demokratie*, → *Gottesgnadentum*, → *Volkssouveränität*).

Lehnswesen: Als Gegenleistung für die Aufstellung von Reitern (→ *Ritter*) oder für die Übernahme bestimmter Dienste verliehen → *Könige* und Fürsten Grundbesitz oder einträgliche Ämter und Vorrechte an Gefolgsleute. Wer sie vergab, war Lehnsherr, wer sie erhielt → *Vasall*. Die Lehnsherren mussten ihre Vasallen beschützen. Diese schuldeten den Lehnsherren Dienste, Abgaben, Rat und Treue. Da Grundbesitz die Basis der Herrschaft war (→ *Grundherrschaft*), gab es auch Vasallen als Lehnsherren. Die Zeit, in der Lehnswesen und Grundherrschaft die Grundlagen für wirtschaftliche und politische Macht bildeten, wird auch als → *Feudalismus* bezeichnet.

Leibeigene: Im Gegensatz zum nur wirtschaftlich abhängigen Hörigen waren die Leibeigenen und ihre Familien im → *Mittelalter* auch persönlich vom Grundherrn (→ *Grundherrschaft*) abhängig. Er durfte über sie richten. Leibeigene konnten nur mit seinem Einverständnis heiraten oder den Hof verlassen. Wenn das Land verkauft oder vererbt wurde, gehörten die Leibeigenen dem neuen Besitzer. Erst im 18. Jh. wurde die Leibeigenschaft abgeschafft.

Liberalismus (lat. *liberalis*: freiheitlich, eines freien Menschen würdig): Staats-, Gesellschafts- und Wirtschaftslehre, die von der → *Aufklärung* geprägt war und sich von freier Entfaltung des Einzelnen einen Fortschritt in Kultur, Recht, Wirtschaft und Gesellschaft erhoffte. Liberale forderten die Gründung einer → *Nation* sowie → *Verfassungen*, → *Menschen- und Bürgerrechte* und eine freie Wirtschaft.

Limes: die durch Wälle, Befestigungspfähle und Wachtürme gesicherte Grenze des Römischen Reiches, hinter der militärische Befestigungsanlagen (Kastelle) lagen. Auf germanischem Gebiet begann Ende des 1. Jh. der Bau des insgesamt 550 Kilometer langen Limes.

„Machtergreifung“: nationalsozialistische Bezeichnung für die Übernahme der Regierung durch → *Hitler* am 30. Januar 1933, der die Weimarer Republik (→ *Republik*) in einen totalitären Staat (→ *Nationalsozialismus*, → *Totalitarismus*, → *„Drittes Reich“*) umwandelte. Nach dem → *„Ermächtigungsgesetz“* vom 23. März 1933 begann die → *„Gleichschaltung“* von Staat, Gesellschaft und Kultur.

Manufaktur (von lat. *manu facere*: mit der Hand machen): Werkstätte, in der viele Frauen und Männer gleichzeitig mit unterschiedlichen Arbeitsgängen (Arbeitsteilung) ein Produkt herstellen (z. B. Spielkarten, Porzellan und Uhren). Manufakturen prägten den → *Merkantilismus*.

Markt (von lat. *mercatus*: Handel): zunächst der Platz, an dem Güter verkauft oder gekauft werden. Das Recht, einen ständigen, wöchentlichen oder jährlichen Markt abzuhalten, war dem Marktherrn (→ *König*, → *Bischof*, Fürst) vorbehalten. Er sicherte die Freiheit des Handels, schützte die An- und Abreise der Marktbesucher und erhob dafür einen Marktzoll. Aus dem Marktrecht entwickelte sich oft ein → *Stadtrecht*.

Marshall-Plan: US-Außenminister George C. Marshall kündigte am 5. Juni 1947 ein „Europäisches Wiederaufbauprogramm“ (ERP: „European Recovery Program“) für alle europäischen Staaten an. An den Verhandlungen über das Programm und an der Gründung der für die Verteilung der Mittel vorgesehenen „Organisation für Europäische Wirtschaftliche Zusammenarbeit“ (OEEC) beteiligten sich aber 1948 nur westeuropäische Staaten. Die amerikanische Hilfe sollte den Wiederaufbau fördern und zur politischen Stabilisierung des Westens im → *Kalten Krieg* beitragen. Von den rund 14 Mrd. US-Dollar erhielten die Westzonen bzw. die Bundesrepublik 1,4 Mrd. als Kredit, davon zahlte sie etwa 1 Mrd. zurück.

Marxismus: die von → *Marx* in Zusammenarbeit mit → *Engels* entwickelte Weltanschauung (→ *Ideologie*), nach der wirtschaftliche Veränderungen und nicht Ideen die Gesellschaft beeinflussen. Die Auseinandersetzungen zwischen den Klassen der Ausbeuter (Bourgeoisie, Unternehmer) und der Ausgebeuteten (→ *Proletariat*) führe in der → *Industrialisierung* zwangsläufig zum Sieg des Proletariats und zu einer kommunistischen Weltordnung (→ *Kommunismus*).

Mauerfall: Öffnung der → *Berliner Mauer* am 9. November 1989. Während die SED-Spitze auf Druck der Bürgerbewegung vorsichtige → *Reformen* der DDR diskutierte und ein neues Reisegesetz auf den Weg brachte, um die Fluchtbewegung aufzuhalten, gab ein Politbüromitglied am 9. November auf einer Pressekonferenz bekannt, dass ständige Ausreisen und Privatreisen in den Westen ab sofort beantragt werden könnten. Nachdem die Medien in Ost- und Westdeutschland diese Information verbreitet hatten, erzwangen tausende Ost-Berliner noch in der Nacht die Öffnung der Grenze. Danach begann der Abriss der Mauer, aber erst am 30. Juni 1990 wurden die Kontrollen an den Grenzübergängen zwischen der DDR und der Bundesrepublik Deutschland eingestellt.

Meierhof: in der Regel der Hof, den ein Grundherr (→ *Grundherrschaft*) seinem Verwalter (Meier) überließ, damit dieser die grundherrlichen Dienste und Abgaben verwaltete und für Ordnung sorgte.

Menschen- und Bürgerrechte: die unantastbaren und unveränderlichen Freiheiten und Rechte aller Menschen, die ihnen von Natur aus, d. h. mit ihrer Geburt, zustehen – unabhängig von ihrer Stellung in Staat, Gesellschaft, Beruf und Religion (Naturrecht). Dazu zählen das Recht auf Leben, die Unverletzlichkeit der Person, Freiheit, Eigentum, aber auch die Gleichheit vor dem Gesetz, das Recht auf Meinungs- und Glaubensfreiheit sowie auf Widerstand gegen Unter-

drückung. Die Magna Charta libertatum (1215), die Bill of Rights (1689), die Virginia Bill of Rights und die amerikanische Unabhängigkeitserklärung von 1776 sowie die französische → *Verfassung* von 1791 (→ *Französische Revolution*) und die Erklärung der Grundrechte der Frankfurter → *Nationalversammlung* von 1848 sind Zeugnisse der Menschenrechtsentwicklung.
Die 1948 von der → *UNO* verkündete „Allgemeine Erklärung der Menschenrechte" steht in dieser Tradition.

Merkantilismus (lat. *mercari*: Handel treiben): von den Fürsten gelenkte Wirtschaftsform zur Zeit des → *Absolutismus*. Sie stärkte die einheimischen Gewerbe, baute die Handelswege aus und erhöhte die Steuereinnahmen.

Militarismus: die besondere Wertschätzung von Befehl, Gehorsam und Disziplin und die bevorzugte Stellung von Offizieren in einer Gesellschaft. Die Verbindung von Militarismus, → *Nationalismus* und → *Imperialismus* prägte das → *Deutsche Kaiserreich*.

Ministerium für Staatssicherheit (MfS): Das MfS wurde 1950 auf Beschluss der DDR-Volkskammer gegründet. Es unterstand der SED-Führung und unterlag keiner parlamentarischen Kontrolle. Die „Stasi" kontrollierte, überwachte und schikanierte die Bevölkerung und verstieß massiv gegen anerkannte → *Menschen- und Bürgerrechte*.

Minne: die in der höfischen Dichtung thematisierte Liebe. Sie wird seit etwa Mitte des 12. Jh. zu einem zentralen Thema in der deutschen Lyrik und Epik und enthält das Werben eines → *Ritters* um die Liebe einer Dame.

Missionierung: Verbreitung einer Religion und die Gewinnung von Anhängern für sie. Im Reich der Franken setzte die christliche Mission (→ *Christentum*) mit der Taufe → *Chlodwigs* Ende des 5. Jh. ein.

Sie wurde anfangs von irischen und angelsächsischen Mönchen (→ *Mönchtum*) betrieben und später von den → *Kaisern* wie → *Karl dem Großen* und → *Otto I.* mit friedlichen und kriegerischen Mitteln vorangetrieben.

Mittelalter: in der europäischen → *Geschichte* die Zeitspanne zwischen → *Antike* und → *Neuzeit*: etwa 500 bis 1500. Die mittelalterliche Kultur entwickelte sich auf den Grundlagen der Antike, germanischer Traditionen und des → *Christentums*. → *Klöster* (→ *Orden*), → *Grundherrschaft* und → *Lehnswesen* prägten die Gesellschaft. Kennzeichen des Hochmittelalters sind die zahlreichen Stadtgründungen und die Herrschaft der → *Könige* und römisch-deutschen → *Kaiser*.

Mönchtum (griech. *monachos*: allein lebend): Menschen, die ein ausschließlich religiös bestimmtes Leben führen wollen, werden Mönche oder Nonnen und gehen in ein → *Kloster*. Grundlage des abendländischen Mönchtums wurde die seit dem 7. Jh. überlieferte → *Benediktinerregel*.

Monarchie (griech. *mon-archia*: Allein-Herrschaft): Königsherrschaft, Regierung eines → *Königs* oder → *Kaisers*. Monarch wurde man in der Regel durch Erbfolge oder Wahl. Im Zeitalter des → *Absolutismus* erreichte die monarchische Regierungsform ihre größte Verbreitung in Europa. Mit der → *Aufklärung* setzte sich die Forderung nach einer → *konstitutionellen Monarchie* zunächst in England und dann auf dem europäischen Kontinent durch. Die Novemberrevolution von 1918 (→ *Revolution*) führte zum Ende der Monarchie im Deutschen Reich.

Monotheismus (griech. *monos*: allein; *theos*: Gott): Glaube an einen einzigen Gott. Beispiele: → *Judentum*, → *Christentum* und → *Islam*. Das Gegenteil des Monotheismus ist der → *Polytheismus*.

Montagsdemonstrationen: Aus den Friedensgebeten in der Leipziger Nikolaikirche entwickelten sich ab dem 4. September 1989 Demonstrationen für Reisefreiheit und → *Demokratie*. Höhepunkt war die Montagsdemonstration vom 9. Oktober 1989 in Leipzig, auf der im letzten Moment Gewaltanwendung durch die Staatorgane verhindert werden konnte. In den folgenden Wochen demonstrierten die Bürger bis zur Öffnung der Mauer am 9. November 1989 (→ *Mauerfall*) in zahlreichen Städten der DDR montags friedlich für Reise- und Meinungsfreiheit sowie für die Zulassung neuer → *Parteien*.

Montanunion: die 1951 gegründete Europäische Gemeinschaft für Kohle und Stahl (EGKS). Sie förderte die Zusammenarbeit in der Montanindustrie (*montan*: Bergbau und Hüttenwesen betreffend). Ihr Erfolg leitete die Gründung der → *EWG* ein.

Münchener Abkommen: ein am 30. September 1938 zwischen Deutschland, Italien, Großbritannien und Frankreich ohne die Tschechoslowakei abgeschlossener Vertrag. Er bestätigte, dass die überwiegend von Deutschen bewohnten Grenzgebiete Böhmens (Sudetenland) an das Deutsche Reich abzutreten seien. Großbritannien und Frankreich stimmten dieser Forderung → *Hitlers* zu, um den Frieden zu sichern. Doch die → *Appeasement*-Politik (engl. *appeasement*: Beruhigung, Beschwichtigung) blieb wirkungslos; im März 1939 ließ Hitler ganz Böhmen und Mähren besetzen.

Nahost-Konflikt: Streit zwischen dem 1948 gegründeten Staat Israel, seinen arabischen Nachbarn und der palästinensischen Bevölkerung um die staatliche Organisation Palästinas und das Existenzrecht Israels. Mehrere Kriege und zahllose Terrorakte prägen bis heute den Konflikt.

Nation (lat. *natio*: Herkunft, Abstammung): Als Nation wird seit dem 18. Jh. eine große Gruppe von Menschen mit gleicher Abstammung,

→ *Geschichte*, Sprache und Kultur oder mit gemeinsamer Regierung und Staatsordnung (→ *Verfassung*) in einem Staat bezeichnet. Nationen sind insofern keine natürlichen Gebilde. Sie sind einerseits Konstruktionen der Politik und leben andererseits davon, dass sich Menschen zu ihr bekennen.

Nationalismus: weltanschauliches Bekenntnis (→ *Ideologie*) zur eigenen → *Nation* und dem Staat, dem man angehört. Auf der einen Seite stand die Überzeugung, dass alle Völker einen Anspruch auf nationale Selbstbestimmung haben, auf der anderen die Hochschätzung des eigenen Volkes. Die Abwertung anderer Nationen trug seit der Mitte des 19. Jh. zu einem übersteigerten Nationalbewusstsein (Chauvinismus) bei, einem Kennzeichen des → *Imperialismus* und des → *Nationalsozialismus*.

Nationalsozialismus: Von 1933 bis 1945 herrschte die demokratiefeindliche und antisemitische (→ *Antisemitismus*, → *Demokratie*) Nationalsozialistische Deutsche Arbeiterpartei (→ *NSDAP*) im Deutschen Reich. Nach der → *„Machtergreifung“* führten das → *„Ermächtigungsgesetz“* und die → *„Gleichschaltung“* zum Ende der parlamentarisch-demokratischen → *Republik* und des Rechtsstaates. Die nationalsozialistische Politik war verantwortlich für den → *Zweiten Weltkrieg* und den Völkermord an den Juden (→ *Holocaust*), Sinti und Roma.

Nationalstaat: Seit der nordamerikanischen Unabhängigkeitserklärung (1776) und der → *Französischen Revolution* (1789) gehen die Anhänger des → *Liberalismus* davon aus, dass die Angehörigen einer → *Nation* das Recht haben, in Freiheit und nach eigenem Recht in einem Nationalstaat zu leben.

Nationalversammlung: Vertreter einer → *Nation* (→ *Parlament*, → *Reichstag*). 1789 erklärten sich in Frankreich die Vertreter der

Stände zur Nationalversammlung (→ *Französische Revolution*). 1848 trafen sich die von der deutschen Bevölkerung gewählten Abgeordneten in der Frankfurter Paulskirche, um einen → *Nationalstaat* zu gründen und für ihn eine → *Verfassung* auszuarbeiten.

NATO (*North Atlantic Treaty Organization*): ein im → *Kalten Krieg* gegründetes Militärbündnis mit Sitz in Brüssel. Die NATO wurde 1949 zur gemeinsamen Verteidigung und zur Sicherung von Frieden und Freiheit von zehn westeuropäischen Staaten, den USA und Kanada gegründet. Die Bundesrepublik Deutschland trat ihr 1955 bei. Nach dem Zerfall des → *Warschauer Paktes* 1991 schlossen sich gegen den Willen Russlands einige ost- und mitteleuropäische Staaten der NATO an. Seit 2009 gehören der NATO 28 Staaten an.

Neolithische Revolution: der im Vergleich zur gesamten Steinzeit (→ *Altsteinzeit*, → *Jungsteinzeit*) folgenreiche Übergang von der aneignenden Wirtschaftsweise der → *Jäger und Sammler* zur produzierenden der sesshaft gewordenen Ackerbauern, Viehzüchter und Handwerker (→ *Sesshaftigkeit*). Historiker haben den Begriff eingeführt, um darauf hinzuweisen, dass diese Veränderung ebenso tief greifend war wie die → *Industrielle Revolution* im 18./19. Jh.

Neue Ostpolitik: die von der SPD/FDP-Koalition unter Bundeskanzler → *Willy Brandt* (SPD) ab 1969 praktizierte → *Entspannungspolitik*. Sie führte zu Verträgen mit der Sowjetunion, Polen, der Tschechoslowakei und zu dem 1973 in Kraft getretenen → *Grundlagenvertrag* mit der DDR. Die Bundesrepublik Deutschland bestätigte darin die nach 1945 entstandenen Grenzen, hielt aber fest, dass sie „auf einen Zustand des Friedens in Europa" hinarbeiten wolle, „in dem das deutsche Volk in freier Selbstbestimmung seine Einheit wiedererlangen" könne.

Neuzeit: in der europäischen → *Geschichte* die Zeit, die das → *Mittelalter* ablöst. → *Renaissance*, die Entdeckungen und Eroberungen (→ *Kolumbus*), der Buchdruck (→ *Gutenberg*), die Entstehung von → *Territorialstaaten*, die → *Reformation* und Veränderungen in der Wirtschaft (→ *Kapitalismus*) sowie in der Kunst sind ihre Merkmale.

New Deal: Bezeichnung für das unter Präsident Franklin D. Roosevelt 1933 bis 1939 durchgeführte Programm zur Überwindung der Weltwirtschaftskrise („Great Depression") in den USA. Bestandteile des Programms waren Arbeitsbeschaffungsmaßnahmen, die Unterstützung der Landwirtschaft sowie die Einführung eines Sozialversicherungssystems.

Nomaden: Menschen, die ihrer Nahrung folgen und an verschiedenen Orten leben, um zu jagen und zu sammeln (→ *Jäger und Sammler*). Diese Lebens- und Wirtschaftsform änderte sich in der → *Jungsteinzeit* allmählich.

Norddeutscher Bund: 1866 entstand unter Preußens Führung der Norddeutsche Bund. Er löste den auf dem → *Wiener Kongress* 1814/15 geschaffenen → *Deutschen Bund* ab und bestand aus Preußen, 17 Kleinstaaten nördlich der Mainlinie und vier Freien Städten. Der Norddeutsche Bund ging 1871 im → *Deutschen Kaiserreich* auf. Seine → *Verfassung* war die Grundlage der Reichsverfassung.

Novemberpogrome: Bezeichnung für die von den Nationalsozialisten (→ *Nationalsozialismus*) angeordnete und angewandte Gewalt gegen Juden (→ *Judentum*) mit der Zerstörung jüdischer Einrichtungen und Geschäfte am 9./10. November 1938. Ziel war es, die Juden aus Wirtschaft und Gesellschaft auszuschließen und aus dem Deutschen Reich zu vertreiben (→ „*Arisierung*", → *Antisemitismus*).

NSDAP (Nationalsozialistische Deutsche Arbeiterpartei): 1920 gegründete demokratiefeindliche, extrem nationalistische (→ *Nationalismus*) und antisemitische (→ *Antisemitismus*) → *Partei*, an deren Spitze seit 1921 → *Hitler* stand. Nach der Weltwirtschaftskrise von 1929 entwickelte sie sich zur Massenpartei. Seit 1932 stellte sie die stärkste Fraktion im → *Reichstag*. Nach der Ernennung Hitlers zum Reichskanzler am 30. Januar 1933 trugen das → *„Ermächtigungsgesetz"* und die → *„Gleichschaltung"* zum Ende der → *parlamentarischen Demokratie* und des Rechtsstaates (→ *„Machtergreifung"*) sowie zum Aufbau eines totalitären Staaten (→ *Totalitarismus*) bei. Die nationalsozialistische Politik (→ *Nationalsozialismus*) von 1933 bis 1945 war verantwortlich für den → *Zweiten Weltkrieg* und den Völkermord an den Juden (→ *Holocaust*), Sinti und Roma in den → *Konzentrations- und Vernichtungslagern*.

„Nürnberger Gesetze": die am 15. September 1935 von den Nationalsozialisten (→ *NSDAP*, → *Nationalsozialismus*) auf dem „Reichsparteitag der Freiheit" in Nürnberg verabschiedeten antisemitischen Rassegesetze (→ *Antisemitismus*, → *Rassenideologie*). Juden (→ *Judentum*) verloren das Wahlrecht und durften keine öffentlichen Ämter mehr übernehmen. Eheschließungen zwischen Juden und Nichtjuden wurden verboten. Verstöße konnten mit Gefängnis bestraft werden.

Oktoberrevolution: Sturz der Provisorischen Regierung in Russland am 7./8. November (25./26. Oktober nach russischem Kalender) 1917 und gewaltsamer Aufbau einer kommunistischen Gesellschafts- und Wirtschaftsordnung (→ *Kommunismus*, → *Rätesystem*, → *Revolution*).

Olympische Spiele: Seit etwa dem 11. Jh. v. Chr. fanden in Olympia regelmäßig Feiern zu Ehren der Götter statt, zu denen auch Sportwettkämpfe gehörten. Die Teilnehmer waren wehrfähige Männer.

394 n. Chr. verbot der christliche Kaiser Theodosius die Olympischen Spiele als heidnischen Brauch. Im 19. Jh. wurde die olympische Idee wiederbelebt. 1896 fanden die ersten Olympischen Spiele der → *Neuzeit* in Athen statt.

Orden: Gemeinschaft von Mönchen oder Nonnen (→ *Mönchtum*), die nach einer festgelegten Ordnung (lat. *ordo*) in einem → *Kloster* leben (→ *Benediktinerregel*).

Ostsiedlung: die Vergrößerung und christliche → *Missionierung* (→ *Christentum*) des deutschen Siedlungsraumes zwischen dem 11. und 14. Jh. über Elbe und sächsische Saale hinaus nach Osten. Der im Heiligen Land während des dritten → *Kreuzzuges* 1190 entstandene „Deutsche Orden" schuf im Gebiet des späteren Ostpreußens und im Baltikum mit den Siedlern einen gut funktionierenden Staat.

Ostverträge → *Neue Ostpolitik*

Papst (lat. *papa*: Vater): Oberhaupt der römisch-katholischen Kirche; ursprünglich nur der Ehrentitel des → *Bischofs* von Rom. Die Päpste verstanden sich als Nachfolger des Apostels Petrus und leiteten daraus ihre Vorrangstellung ab. Mit der Krönung → *Karls des Großen* und → *Ottos I.* zu → *Kaisern* beanspruchten die Päpste, über das Kaisertum bestimmen zu können.

Parlament: ursprünglich eine von einem Herrscher einberufene Versammlung angesehener Männer eines Reiches (→ *Adel*). Seit 1295 wurde in England der „Große Rat" des → *Königs* durch gewählte Vertreter des Landadels und der Städte ergänzt (→ *Ständegesellschaft*). Er war der Ursprung des englischen Parlaments, das sich seit dem 14. Jh. in eine Vertretung des Hochadels (*House of Lords*) und eine Vertretung des niederen Adels und der Städte (*House of Commons*) aufteilte.

Parlamentarische Demokratie: Staatsform, in der die gesetzgebende Gewalt bei den vom Volk frei gewählten Abgeordneten des → *Parlaments* liegt (→ *Demokratie*). Die ausführende Gewalt (Regierung) wird vom Staatspräsidenten ernannt, ist aber von Mehrheiten im Parlament abhängig. Die nach der Novemberrevolution von 1918 erarbeitete → *Weimarer Verfassung* war Grundlage der ersten parlamentarischen Demokratie in Deutschland. Das am 23. Mai 1949 verkündete Grundgesetz machte die Bundesrepublik Deutschland zu einer parlamentarischen Demokratie.

Partei: Vereinigung von Personen, die sich zur Durchsetzung politischer Ziele dauerhaft zusammenschließen. Vorläufer der deutschen Parteien waren die Wahlvereinigungen und politischen Klubs von 1848/49. Kennzeichen einer Partei sind: feste, langfristig angelegte Organisation, Parteiprogramm (in dem die Ziele formuliert sind) und der Wille ihrer Mitglieder, in gewählten Volksvertretungen wie Gemeinderäten oder → *Parlamenten* (z. B. im → *Reichstag*) die Verhältnisse im Staat mitzugestalten. Nach Programm und Weltanschauung (→ *Ideologie*) werden seit dem 19. Jh. Sozialisten (→ *Sozialismus*), Liberale (→ *Liberalismus*), Nationale (→ *Nationalismus*), politische Katholiken („Zentrum") und Konservative unterschieden.

Patrizier (lat. *patres*: „Väter"): die Nachkommen der ältesten adligen Familien, die zu Beginn der Römischen Republik (→ *Republik*) allein regierten (→ *Adel*, → *Aristokratie*). Sie übernahmen die wichtigsten Staatsaufgaben und stellten die Priester. Gegen ihre Macht kämpften seit dem 5. Jh. v. Chr. die → *Plebejer*, also die römischen → *Bürger*, die keine Patrizier waren. Sie bekamen erst nach den → *Ständekämpfen* um 287 v. Chr. dieselben Rechte wie die Patrizier. Nach ihnen wurden die angesehenen und reichen Familien in den mittelalterlichen Städten (→ *Mittelalter*) ebenfalls Patrizier genannt. Sie stellten zunächst allein die Mitglieder des Rates und besaßen die politische Führung in den Städten (→ *Stadtrecht*).

Patron → *Klientel*

Perestroika → *Glasnost und Perestroika*

Pfalz (lat. *palatium*: Palast): Gebäude für den reisenden Herrscher (→ *Reisekönigtum*); Stützpunkte der königlichen Verwaltung und Herrschaft (→ *König*).

Pharao: zunächst der Name des Königspalastes; seit dem 2. Jt. v. Chr. einer der Titel des ägyptischen Herrschers. Pharaonen galten als gottähnlich und waren die weltlichen und geistlichen Oberhäupter der alten Ägypter.

Planwirtschaft: Wirtschaftsordnung, in der die Produktion von Gütern sowie deren Verteilung anders als in einer → *Sozialen Marktwirtschaft* nach staatlich festgelegten Plänen (z. B. Fünfjahrespläne) vorgenommen wird. Sie kennzeichnete die Wirtschaftspolitik der UdSSR und der von ihr abhängigen Staaten wie der DDR.

Plebejer (lat. *plebs*: „Menge", „Volk"): im alten Rom die römischen → *Bürger*, die keine → *Patrizier* waren. In den → *Ständekämpfen* bemühten sie sich um die Gleichstellung mit den Patriziern.

Pogrom → *Novemberpogrome*

Polis: zunächst die griechische Bezeichnung für eine Burg und die dazugehörige Siedlung, ab etwa 800 v. Chr. für einen Stadtstaat, der aus einem städtischen Zentrum und Umland bestand. Das Zentrum war geschützter Wohnort, Sitz der Regierung und Mittelpunkt der religiösen Feiern (Tempel). Im Umland wurde die Nahrung für die Einwohner angebaut. Im 5. Jh. v. Chr. gab es rund 700 griechische Stadtstaaten (Poleis).

Polnische Teilungen: Preußen unter → *Friedrich II., dem Großen*, Österreich unter → *Maria Theresia* und Russland unter → *Katharina II.* teilten Polen 1772, 1793 und 1795 schrittweise unter sich auf, bis kein polnischer Staat mehr bestand.

Polytheismus (griech. *poly*: viel; *theos*: Gott): Glaube an viele Götter. Die alten Ägypter, Griechen und Römer verehrten zahlreiche Götter. Das Gegenteil zum Polytheismus ist der → *Monotheismus*.

Potsdamer Konferenz: die letzte große Kriegs- und erste Nachkriegskonferenz in Europa vom 17. Juli bis 2. August 1945. Teilnehmer waren die Regierungschefs der Vereinigten Staaten, Großbritanniens und der Sowjetunion. Verhandelt wurden die Zukunft Deutschlands und das Ende des Krieges in Fernost. Für Deutschland einigten sich die „Großen Drei" auf folgende Ziele:

- Das in → *Besatzungszonen* aufgeteilte Deutschland soll als wirtschaftliche Einheit behandelt werden.
- Die Gebiete östlich der Oder und Görlitzer Neiße sollen bis zur endgültigen Festlegung durch einen Friedensvertrag mit Deutschland unter polnischer und sowjetischer Verwaltung stehen.
- Demilitarisierung (Entwaffnung)
- Demontage (Abbau kriegswichtiger Industrien)
- Verurteilung von Kriegsverbrechern und verantwortlichen Nationalsozialisten (→ *Entnazifizierung*)
- Demokratisierung des politischen Lebens
- Dezentralisierung der Verwaltung und Zerschlagung der großen Wirtschaftsunternehmen

Präsidialkabinett: Von 1930 bis 1933 hatten die Regierungen im Deutschen Reich keine Mehrheit im Reichstag (→ *Parlament*); sie waren auf das Vertrauen des Reichspräsidenten → *Hindenburg* angewiesen, der nach der → *Weimarer Verfassung* ohne parlamentarische Zustimmung Verordnungen mit Gesetzeskraft (Notverordnungen) erlassen durfte, wenn „die öffentliche Sicherheit und Ordnung erheblich gestört oder gefährdet“ war (Artikel 48).

Preußische Reformen: Nach der Niederlage Preußens gegen → *Napoleon* von → *Stein* und → *Hardenberg* eingeleitete → *Reformen* in Wirtschaft, Verwaltung, Militär und Bildung.

Prinzipat: die 27 v. Chr. von → *Augustus* geschaffene Herrschaftsform, in der der → *Kaiser* den Titel „princeps“ (dt. „der erste Mann im Staat“) trug und fast unumschränkt regierte.

Proletariat: die besitzlosen Massen in der industriellen Gesellschaft. → *Marx* machte aus der Bezeichnung im „Kommunistischen Manifest“ von 1848 ein Schlagwort: Für ihn ist das Proletariat der Teil der Gesellschaft, der nichts besitzt als seine Arbeitskraft. Seine Aufgabe sei es, die kapitalistische Eigentums-, Wirtschafts- und Gesellschaftsordnung (→ *Kapitalismus*) zu beseitigen, um den → *Kommunismus* herbeizuführen (→ *Marxismus*).

Provinz: ursprünglich der Amtsbereich eines römischen Magistrats (Staatsbeamten). Im 3. Jh. v. Chr. wurde jedes von den Römern gewonnene außeritalische Gebiet, das ein Statthalter verwaltete, als Provinz bezeichnet.

Pyramide: Grabmal über einer quadratischen Grundfläche mit dreieckigen, spitz zulaufenden Seiten. Solche Anlagen wurden zwischen 3000 und 1500 v. Chr. nur für Pharaonen (→ *Pharao*) erbaut, danach konnten auch andere Ägypter Pyramiden errichten lassen. Unabhängig von den ägyptischen Vorbildern entstanden später in Kambodscha (Asien), Mittel- und Südamerika Tempelpyramiden.

Quellen: Texte, Bilder, Gegenstände (Überreste) und mündliche Überlieferungen, aus denen wir Kenntnisse über die → *Geschichte* gewinnen. Sie sind die Grundlage für die Geschichtsschreibung.

Rätesystem: Herrschaftsform, die eine direkte → *Demokratie* mit Räten (russ. *Sowjets*) verwirklichen will. Während der → *Oktoberrevolution* von 1917 in Russland und der → *Revolution* von 1918 im Deutschen Reich wählten Arbeiter, Soldaten und Bauern in ihren Betrieben, Einheiten und Dörfern Räte. Diese wählten regionale Räte bis hin zu einem gesamtstaatlichen Zentralrat. Die Räte waren an Weisungen ihrer Wähler gebunden und jederzeit abwählbar. Sie vereinten die gesetzgebende, die rechtsprechende und die ausführende Gewalt und lehnten damit → *Gewaltenteilung* und → *parlamentarische Demokratie* ab.

Rassenideologie: Rasse ist ein Begriff der Biologie (Zoologie) und bezeichnet eine größere Gruppe von Einzelwesen mit einheitlichen Erbmerkmalen. Erst im 19. Jh. wurde der Begriff auf Menschen angewandt und zur weltanschaulichen Frage (→ *Ideologie*). Rassistisches Denken geht davon aus, dass die eigene Rasse einer fremden überlegen ist (→ *Sozialdarwinismus*). Kennzeichen von Rassismus sind: Benachteiligung, Ausgrenzung und Unterdrückung von Menschen wegen ihrer Herkunft, Hautfarbe oder Religion. Rassismus fand immer dort Anhänger, wo andere Bevölkerungsgruppen unterdrückt und entrechtet wurden, um eigene Machtpositionen zu behaupten oder zu erlangen. Der nationalsozialistische → *Antisemitismus* (→ *Nationalsozialismus*) war Ausdruck von Rassismus, er endete im → *Holocaust*. Heute gilt die Einteilung der Menschen in Rassen wissenschaftlich als unhaltbar.

Reform: Ursprünglich die Wiederherstellung oder Rückkehr zu früheren (besseren) Zuständen; seit dem 18. Jh. wird darunter die gewaltlose Umgestaltung und Verbesserung von Verhältnissen im

Rahmen der bestehenden politischen Ordnung verstanden. Reformprozesse sind das Gegenteil von revolutionärem Wandel (→ *Revolution*).

Reformation (lat. *reformatio*: Wiederherstellung, Zurückformung): von → *Luther* ab 1517 ausgehende Bewegung, die eine Glaubensreform zum Ziel hatte und in einer Spaltung der katholischen Kirche in verschiedene → *Konfessionen* endete (→ *Kirchenspaltung*).

Reichsacht (althochdeutsch *ahta*: Verfolgung): eine vom → *König* oder → *Kaiser* verhängte Strafe, die die Recht- und Friedlosigkeit des Geächteten im ganzen Reich bewirkte. Gründe für die Ächtung waren Verrat, Nichtbefolgung einer Gerichtsladung oder Verhängung des → *Banns*. Einen Geächteten durfte jeder straflos töten. Sein Besitz wurde beschlagnahmt und zerstört. → *Luther* und seine Anhänger wurden 1521 geächtet.

Reichskirche: Durch die Vergabe von Gütern und Vorrechten (Privilegien) an die Bistümer und → *Klöster* errichteten die herumziehenden → *Könige* (→ *Reisekönigtum*) Stützpunkte ihrer Herrschaft. → *Otto I.* und seine Nachfolger machten daraus reichsunmittelbare Einrichtungen, um ihre Macht gegenüber den mächtigen → *Stammesherzögen* zu stärken.

Reichsstadt: eine vom → *König* auf königlichem Grund oder auf Reichsland gegründete Stadt. Sie waren anders als Landstädte nur dem König oder → *Kaiser* unterstellt, also reichsunmittelbar. Reichsstädte waren z. B. Augsburg, Frankfurt am Main, Hamburg, Nürnberg und Regensburg. Ihre besondere Stellung verloren sie erst beim Untergang des → *Heiligen Römischen Reiches Deutscher Nation* 1806.

Reichstag: eine vom → *König* einberufene Versammlung der Großen des Reiches. Zu den Teilnehmern zählten Herzöge (→ *Stammesherzog*), → *Grafen*, → *Bischöfe*, Äbte und Äbtissinnen sowie die Vertreter der freien → *Reichsstädte*. Vorläufer der Reichstage waren die Hoftage, zu denen die Könige ihre → *Vasallen* einluden. Sie sollten den Herrscher beraten und unterstützen. Im → *Deutschen Kaiserreich* und der Weimarer Republik setzte sich der Reichstag aus den gewählten Vertretern der → *Parteien* zusammen (→ *Parlament*). Der Reichstag konnte Gesetzesanträge stellen und musste den Staatshaushalt (Budget) genehmigen. Reichskanzler und Reichsregierung waren im Deutschen Kaiserreich dem Reichstag nicht verantwortlich, das ändere sich erst 1918 durch die Einführung der → *parlamentarischen Demokratie*.

Reisekönigtum: Während des → *Mittelalters* gab es im Deutschen Reich keinen festen Regierungssitz des → *Königs*. Die Herrscher zogen von Ort zu Ort, um für Recht und Frieden zu sorgen. → *Pfalzen* und → *Klöster* (→ *Reichskirche*) dienten ihnen als Königssitze auf Zeit.

Renaissance: moderner Begriff für die „Wiedergeburt" der antiken Kunst und Kultur (→ *Antike*), die seit Mitte des 14. Jh. von Italien ausging, bis etwa 1600 anhielt und die Kultur aller europäischen Staaten beeinflusste. In dieser Zeit machte sich der Mensch zum Mittelpunkt jeder Erfahrung (→ *Humanismus*). In diese Zeit fielen zahlreiche bedeutende Entdeckungen (→ *Kolumbus*) und Erfindungen (→ *Gutenberg*).

Reparationen: Wiedergutmachungsleistungen der Verlierer an die Sieger für Kriegsschäden. Bei der Festlegung von Reparationen geht es – wie der → *Versailler Vertrag* nach dem → *Ersten Weltkrieg* belegt – nicht nur um Wiedergutmachung, sondern auch um die künftige wirtschaftliche und militärische Schwächung eines bisherigen Gegners. Auch nach dem → *Zweiten Weltkrieg* verlangten die Siegermächte Reparationen.

Republik (lat. *res publica*: öffentliche Angelegenheit): im alten Rom Staatsform mit jährlich wechselnder Regierung hoher Beamter, die nach der Vertreibung der etruskischen → *Könige* um 500 v. Chr. entstand. Mit → *Augustus* verloren Beamte, → *Senat* und Volksversammlung an Einfluss, die Kaiserzeit (→ *Kaiser*) begann.
Zu einer Republik gehören heute: → *Verfassung*, → *Parlament*, → *Gewaltenteilung* und Vergabe öffentlicher Ämter durch Wahlen.

Restauration (lat. *restaurare*: wiederherstellen): Wiederherstellung der politischen, rechtlichen und sozialen Zustände einer früheren Epoche nach einer → *Revolution*. Nach 1815 versuchten die europäischen Herrscher unter Führung → *Metternichs*, die Folgen der → *Französischen Revolution* rückgängig zu machen und neue Revolutionen zu verhindern.

Revolution (lat. *revolutio*: Umwälzung): grundlegende und tief greifende Veränderungen; in der Politik wird von Revolutionen gesprochen, wenn der Zugang zur Macht in einem Staat in kurzer Zeit grundlegend verändert wird (→ *Französische Revolution*, → *Oktoberrevolution*). Revolutionen sind in der Regel mit kulturellen, sozialen, wirtschaftlichen und rechtlichen Veränderungen und der Anwendung von Gewalt verbunden.

Ritter: Sie leisteten Waffendienst zu Pferde und gelobten ihrem Herrn (→ *Lehnswesen*), christlich, tapfer, treu und gerecht zu sein. Ihre tugendhafte Werbung um die Liebe einer Frau wurde von Minnesängern verbreitet (→ *Minne*).

Romanisierung: Ausbreitung der Sprache, Kultur und Lebensweise der Römer im → *Imperium Romanum*. Sprache und Brauchtum der einheimischen Bevölkerung wurden verdrängt.

Säkularisation (lat. *saecularis*: weltlich): Nach 1803 wurden im → *Heiligen Römischen Reich Deutscher Nation* die geistlichen Kurfürstentümer (→ *Kurfürsten*), viele Bistümer und Abteien des Reiches aufgelöst. Ihre Gebiete und ihren Besitz übernahmen weltliche Landesherren. Dies trug zur stärkeren Trennung von Kirche und Staat bei. Die Säkularisation förderte die von → *Aufklärung*, → *Französischer Revolution* und den Napoleonischen Reformen (→ *Napoleon*, → *Reform*) beeinflusste Verweltlichung (Säkularisierung) des einzelnen Menschen, seine Loslösung aus den Bindungen zur Kirche.

Senat (lat. *senatus*: Rat erfahrener Politiker): Seine Mitglieder bestimmten die Politik. Senatoren stammten meist aus adligen Familien (→ *Patrizier*, → *Adel*) und waren vorher Regierungsbeamte. Seit dem → *Mittelalter* werden Regierungen freier Städte Senat genannt (bis heute in Bremen, Hamburg und Berlin). In den Vereinigten Staaten von Amerika ist der Senat die zweite Kammer des Kongresses; er besteht aus je zwei vom Volk gewählten Vertretern der Einzelstaaten.

Sesshaftigkeit: In der → *Jungsteinzeit* wurden allmählich aus → *Jägern und Sammlern* (→ *Nomaden*) sesshafte Bauern, die Getreide anbauten, Haustiere züchteten und Häuser errichteten.

Shoa → *Holocaust*

Sklaven: unfreie und rechtlose Menschen. Die Eigentümer (Sklavenhalter) konnten über sie wie über Sachen verfügen. Kriegsgefangene wurden oft zu Sklaven gemacht. Auch bei Zahlungsunfähigkeit konnten Menschen versklavt werden (Schuldknechtschaft). Sklaven konnten unter bestimmten Bedingungen von ihren Eigentümern freigelassen werden.

Sozialdarwinismus: die Übertragung der biologischen Evolutionstheorie Charles Darwins (1809-1882) von der natürlichen Auslese und vom Kampf ums Dasein auf die Gesellschaft. Sozialdarwinistische Vorstellungen gingen von der Überlegenheit der industrialisierten über die nichtindustrialisierten Völker aus (→ *Industrialisierung*) und rechtfertigten so den → *Imperialismus*, die → *Rassenideologie* und den → *Antisemitismus*.

Sozialdemokratie: seit Mitte des 19. Jh. Teil der politisch organisierten → *Arbeiterbewegung*, die unter dem Einfluss von → *Marx* und → *Engels* stand und sich seit → *Lassalle* nicht mehr nur für die Lösung der → *Sozialen Frage*, sondern auch für das allgemeine Wahlrecht und damit die → *parlamentarische Demokratie* einsetzte. Die Sozialdemokratie wandelte sich von einer revolutionären Arbeiterpartei zu einer reformorientierten Volkspartei (→ *Partei*, → *Reform*, → *Revolution*).

Soziale Frage: → *Bevölkerungsexplosion*, Massenarbeitslosigkeit und -armut sowie Wohnungsnot kennzeichneten die Soziale Frage vor und während der → *Industriellen Revolution*. Staat, Kirche, Unternehmer und Arbeiter suchten nach Einführung der Gewerbefreiheit und dem Ende der → *Zünfte* Lösungen für diese sozialen und gesellschaftlichen Probleme. Die von → *Marx* und → *Engels* verkündete kommunistische Weltanschauung (→ *Ideologie*, → *Kommunismus*, → *Marxismus*) und die Forderungen der → *Sozialdemokratie* waren Reaktionen auf die ungelöste Soziale Frage.

Soziale Marktwirtschaft: eine Wirtschaftsordnung, in der anders als in der → *Planwirtschaft* der → *Markt* die Produktion und Verteilung von Gütern regelt. Angebot und Nachfrage regulieren weitgehend die Preise. Der Staat garantiert die Vertragsfreiheit, den Wettbewerb und ein funktionierendes Geldwesen. Die Soziale Marktwirtschaft bemüht sich im Vergleich zur freien Marktwirtschaft durch gesetzliche Rahmenbedingungen um einen möglichst gerechten Ausgleich zwischen wirtschaftlich stärkeren und schwächeren Gruppen der Gesellschaft.

Sozialgesetzgebung: Die von → *Bismarck* zwischen 1883 und 1889 eingeführte gesetzliche Kranken-, Unfall- und Altersversicherung war die Grundlage der deutschen Sozialgesetzgebung. Sie sollte die Arbeiter mit dem Kaiserreich versöhnen. Die 1927 eingeführte Arbeitslosenversicherung und die 1995 gestartete Pflegeversicherung haben die Sozialgesetzgebung ergänzt.

Sozialismus (lat. *socius*: Genosse): eine Wirtschafts- und Gesellschaftsordnung, die auf gesellschaftlichen oder staatlichen Besitz der Produktionsmittel zielt und eine gerechte Verteilung der Güter an alle Mitglieder der Gemeinschaft anstrebt. Während des → *Deutschen Kaiserreiches* verfolgten die Sozialdemokraten (→ *Sozialdemokratie*) sozialistische Ziele und wurden deshalb verfolgt (→ *Sozialistengesetz*).
In Russland sollte nach der → *Oktoberrevolution* von 1917 der Sozialismus die kommunistische Gesellschaftsordnung (→ *Kommunismus*) vorbereiten. Seit der Novemberrevolution von 1918 (→ *Revolution*) vertrat die KPD sozialistische Positionen nach sowjetischem Vorbild, lehnte die → *parlamentarische Demokratie* ab und setzte sich für ein → *Rätesystem* ein.

Sozialistengesetz: von 1878 bis 1890 gültiges Ausnahmegesetz zur Unterdrückung der organisierten → *Arbeiterbewegung*. Das von → *Bismarck* angeregte Gesetz verbot alle sozialdemokratischen (→ *Sozialdemokratie*), sozialistischen (→ *Sozialismus*) oder kommunistischen (→ *Kommunismus*) Vereine, Versammlungen und Schriften. Die Sozialdemokraten konnten trotzdem an Wahlen teilnehmen und immer mehr Stimmen gewinnen.

„spartanisch“: die strenge Erziehung der Jungen zu tapferen und genügsamen Kriegern sowie der Mädchen zu kräftigen und gesunden Frauen in der → *Polis* Sparta. Heute meinen wir damit eine anspruchslose Art zu leben.

SS-Staat: Bezeichnung für den verbrecherischen Staat der Nationalsozialisten (→ *Nationalsozialismus*). Nach der Ernennung → *Hitlers* zum Reichskanzler am 30. Januar 1933, der → *„Machtergreifung"*, dem → *„Ermächtigungsgesetz"* und der → *„Gleichschaltung"* beherrschte die 1925 gegründete SS („Schutzstaffel") der → *NSDAP* die gesamte Polizei. Sie wurde zum Hauptträger des NS-Terrors, der mit der Verfolgung politischer Gegner begann und mit dem → *Holocaust* endete. Der Begriff „SS-Staat" darf nicht darüber hinwegtäuschen, dass auch andere Institutionen wie SA und Wehrmacht für Verbrechen im NS-Staat verantwortlich waren.

Staatsreligion: eine von den Herrschern für ihre Untertanen festgelegte Form des Glaubens. Ende des 4. Jh. wurde das → *Christentum* im römischen Weltreich zur Staatsreligion erklärt.

Stadtrecht: bis in die → *Neuzeit* von weltlichen oder geistlichen Fürsten den Bewohnern ihrer Städte gewährte Freiheiten und Sonderrechte (Privilegien). Sie regelten das Verhältnis der Stadtbewohner zu ihren Stadtherren, das Zusammenleben untereinander und die Verwaltung.

Ständegesellschaft: Im → *Mittelalter* gab es drei Stände. Zum ersten Stand zählte der Klerus (→ *Bischöfe*, Äbte und Äbtissinnen, Priester), zum zweiten der → *Adel* und zum dritten die freien Bauern und → *Bürger*. Die Stände unterschieden sich durch jeweils besondere Aufgaben, Pflichten und Vorrechte (Privilegien).

Ständekämpfe: Auseinandersetzungen zwischen den → *Plebejern* und den → *Patriziern* um politische, rechtliche und militärische Gleichberechtigung im alten Rom. Sie endeten nach 200 Jahren um 287 v. Chr. damit, dass die Beschlüsse der Plebsversammlungen auch von den Patriziern befolgt werden mussten.

Stalinismus: Bezeichnung für das Gesellschafts- und Herrschaftssystem, das unter → *Stalin* entstand. Seine Kennzeichen waren eine undemokratische und totalitäre Herrschaft (→ *Demokratie*, → *Totalitarismus*), in der sich alle dem Führungsanspruch der kommunistischen Partei (→ *Kommunismus*) unterordnen mussten, ein Personenkult der Parteiführer sowie Terror und Zwang bei der Umsetzung politischer, wirtschaftlicher und weltanschaulicher Ziele.

Stammesherzog: Bei den germanischen Völkern war der Herzog der gewählte oder durch Los bestimmte Heerführer (der, der vor dem „Heer zog"). Ab dem 7. Jh. übertrugen die → *Könige* ihnen vor allem militärische Aufgaben. Wo sie sich an die Spitze bestimmter „Stämme" setzten, entstanden Stammesherzogtümer. Die bedeutendsten waren die der Franken, Bayern, Schwaben und Sachsen.

Staufer: schwäbisches Adelsgeschlecht (→ *Adel*), benannt nach der im 11. Jh. gebauten Burg Staufen, die zwischen Göppingen und Schwäbisch Gmünd liegt. Die Staufer stellten von 1138 bis 1254 die deutschen → *Kaiser* und → *Könige*. Zu den bedeutendsten Staufern zählt Kaiser → *Friedrich II*. Unter den Staufern erreichte die ritterliche Kultur (→ *Ritter*) mit Minnesang (→ *Minne*) und Turnieren ihren höchsten Glanz.

Stehendes Heer: ständig kampfbereite Soldaten.

„Stunde Null": Der Begriff enthält sowohl die Vorstellung vom totalen Zusammenbruch nach der → *bedingungslosen Kapitulation* vom 8./9. Mai 1945 als auch die Hoffnung auf einen radikalen Neubeginn. Er sollte nicht darüber hinwegtäuschen, dass trotzdem politische, wirtschaftliche und gesellschaftliche Einstellungen aus der Zeit vor 1945 beibehalten wurden.

Territorialstaat (lat. *territorium*: Gebiet): Herrschaftsgebiet (Territorium), über das ein Landesherr ohne Einmischung eines anderen Herrn regierte. Die Landesherren waren allerdings im → *Mittelalter* auf die Zustimmung der Stände (→ *Ständegesellschaft*), also des → *Adels*, des Klerus und der Städte (→ *Bürger*, → *Bürgertum*), angewiesen, um ihre Kriege und aufwändige Hofhaltung bezahlen zu können. Sie versammelten die Ständevertreter daher auf Landtagen und gaben ihnen Mitspracherechte, versuchten aber, ihren Einfluss gering zu halten (→ *Parlament*).

„Totaler Krieg": Bezeichnung für die vollständige Erfassung aller menschlichen, materiellen und propagandistischen Mittel für den Krieg. Diese Form der Kriegsführung wurde erstmals im → *Ersten Weltkrieg* verkündet. Im → *Zweiten Weltkrieg* bereitete → *Hitler* nach der Niederlage der deutschen Armee in Stalingrad (heute Wolgograd) im Winter 1942/43 den „totalen Krieg" vor. Mit wenigen Ausnahmen wurden alle Männer zwischen 16 und 65 Jahren und alle Frauen zwischen 18 und 50 zum Arbeitsdienst verpflichtet und alle nicht kriegs- und lebenswichtigen Betriebe stillgelegt. Mit viel Propaganda verkündete am 18. Februar 1943 → *Goebbels* im Berliner Sportpalast den „totalen Krieg".

Totalitarismus (lat. *totus*: ganz, völlig): undemokratische und diktatorische Herrschaftsform (→ *Demokratie*, → *Diktatur*), in der keine Freiheit herrscht, keine freien Wahlen erlaubt sind und in der die Menschen mit allem, was sie sind, in den Dienst des Systems gestellt werden. Der → *Stalinismus* in der Sowjetunion und der von ihr abhängigen Staaten, der → *Faschismus* in Italien und die Herrschaft der Nationalsozialisten (→ *„Drittes Reich"*, → *NSDAP*, → *Nationalsozialismus*) sind Beispiele totalitärer Herrschaft.

Truman-Doktrin: US-Präsident Harry S. Truman versprach 1947 jeder → *Nation*, die sich für die demokratische Lebensweise (→ *Demokratie*) entscheidet, Militär- und Wirtschaftshilfe (➔ *Marshall-Plan*). Er reagierte damit auf den wachsenden Einfluss der Sowjetunion auf Griechenland und die Türkei. Die Truman-Doktrin ist ein Ausdruck des beginnenden ➔ *Kalten Krieges*.

UNO (*United Nations Organization*): Die Weltorganisation mit Sitz in New York wurde 1945 als Nachfolgerin des ➔ *Völkerbundes* gegründet. Ihr gehören inzwischen fast alle Staaten an. Die Hauptziele der UNO sind die Erhaltung des Friedens, Abrüstung und Garantie der ➔ *Menschen- und Bürgerrechte*. 2001 erhielt sie den Friedensnobelpreis.

Vasallen (keltisch *gwas*: Knecht): Personen oder Einrichtungen wie ➔ *Klöster*, die für bestimmte Dienste oder Ämter Lehen erhielten (➔ *Lehnswesen*).

Verdun: Der französische Ort Verdun gilt als der Inbegriff des Stellungskrieges und der Materialschlachten des ➔ *Ersten Weltkrieges*. Beim Kampf um Verdun starben zwischen Februar und Dezember 1916 etwa 700 000 Franzosen und Deutsche.

Verfassung: zunächst eine Satzung, die die Wahl sowie die politischen Rechte und Aufgaben der ➔ *Könige* (➔ *„Goldene Bulle“*), Regierungen, Stände (➔ *Ständegesellschaft*) und ➔ *Bürger* festlegte. Im Laufe der Geschichte änderte sich die Verteilung der Macht und wurde allmählich in Verfassungen (Konstitutionen) schriftlich festgelegt. Die amerikanische Verfassung von 1787 wurde von Vertretern der Kolonisten erarbeitet. Die französische Verfassung von 1791 war das Werk der ➔ *Nationalversammlung*, die aus der 1789 einberufenen Ständeversammlung (Generalstände) hervorgegangen war (➔ *Französische Revolution*). Die von den Abgeordneten der deutschen Nationalversammlung erarbeitete Reichsverfassung von 1849 konnte nicht gegen die Macht der Fürsten durchgesetzt werden.

Vernichtungskrieg: Mit dem Einmarsch der deutschen Wehrmacht in Polen begann am 1. September 1939 ein Rassen- und Vernichtungskrieg; er wurde 1941 gegen die Sowjetunion fortgesetzt. Internationale Regeln der Kriegsführung wurden missachtet, gefangene Soldaten und Zivilisten genossen keinen Schutz, Kommunisten (→ *Kommunismus*) und Juden (→ *Judentum*) wurden erschossen und die eroberten Gebiete ausgeraubt und zerstört.

Vernichtungslager → *Konzentrations- und Vernichtungslager*

Versailler Vertrag: Ergebnis der Pariser Friedenskonferenz von 1919, an der das Deutsche Reich und Sowjetrussland nicht teilnehmen durften. Der Vertrag wurde am 28. Juni 1919 im Schloss von Versailles unterzeichnet, trat am 10. Januar 1920 in Kraft, beendete mit weiteren Verträgen den → *Ersten Weltkrieg* und war Grundlage für den → *Völkerbund*. Der Vertrag machte das Deutsche Reich und seine Verbündeten für den Kriegsausbruch verantwortlich (Art. 231) und legte umfangreiche Gebietsabtretungen sowie Wiedergutmachungsleistungen (→ *Reparationen*) fest. Die Siegermächte bestanden auf einer vorbehaltlosen Anerkennung des Vertrages. Das „Versailler Diktat" führte vor und nach der Unterzeichnung zu innenpolitischen Auseinandersetzungen in der nach der Novemberrevolution von 1918 entstandenen Weimarer Republik (→ *„Erfüllungspolitik"*).

Völkerbund: nach dem → *Ersten Weltkrieg* im Zusammenhang mit dem → *Versailler Vertrag* 1920 von 32 Staaten gegründete internationale Organisation zur Wahrung des Friedens und zur Zusammenarbeit aller Völker mit Sitz in Genf. 1926 wurde Deutschland, 1934 auch die Sowjetunion aufgenommen. Unter → *Hitler* verließ Deutschland 1933 die Organisation, 1939 wurde die Sowjetunion ausgeschlossen. Von Anfang an litt der Völkerbund darunter, dass die USA ihm nicht beitraten. Die 1945 gegründete → *UNO* ist die Nachfolgerin des Völkerbundes.

„Völkerwanderung“: Umfangreiche Wanderungsbewegungen von germanischen Völkern, die ihren Lebensmittelpunkt dauerhaft verlagerten (Migration). Zwischen dem 3. und 6. Jh. n. Chr. drangen sie in die römischen → *Provinzen* ein. Gründe dafür waren Klimaverschlechterungen im Norden, Bevölkerungswachstum, der Ansturm der Hunnen sowie die wirtschaftliche Anziehungskraft des Römischen Reiches. Die Anführer der germanischen Völker gründeten auf römischem Boden neue Herrschaftsgebiete. Sie waren oft nur von kurzer Dauer. Die „Völkerwanderung“ trug zum Zerfall des Römischen Reiches bei.

„Volksgemeinschaft“: nach der völkischen Weltanschauung (→ *Ideologie*) *und* Propaganda die soziale Einheit aller Deutschen unabhängig von Stand, Beruf und → *Konfession*. Gemäß den rassistischen Vorstellungen (→ *Rassenideologie*, → *Antisemitismus*) der Anhänger der → *NSDAP* zählten zur „Volksgemeinschaft“ weder Juden (→ *Judentum*), Roma und Sinti, noch Homosexuelle und „Asoziale“. Ihnen allen sagten die Nationalsozialisten (→ *Nationalsozialismus*) den „Kampf“ an und ermordeten sie in den → *Konzentrations- und Vernichtungslagern*.

Volkssouveränität (frz. *souveraineté*: oberste politische und militärische Macht im Staat): der während der → *Aufklärung* am Ende des 18. Jh. als Gegenentwurf zum → *Absolutismus* entwickelte Grundsatz, wonach das Volk Inhaber aller Staatsgewalt sei. Herrschaftsgrundlage sollten freie Wahlen sein. Sie sind Voraussetzung für die → *Demokratie*.

Währungsreform: Einführung einer neuen Währung in einem bestimmten Verhältnis zur vorherigen. 1948 ordneten die Siegermächte das durch die Kriegsfinanzierung zerrüttete deutsche Geldwesen (→ *Inflation*) neu; in den westlichen → *Besatzungszonen* wurde die Deutsche Mark, in der Sowjetischen Besatzungszone die Deutsche Mark der deutschen Notenbank (später „Mark der DDR“) eingeführt. Die unterschiedlichen Währungen vertieften die Teilung Deutschlands

(→ *Deutsche Frage*). Die Einführung des Euro (1999/2002) war keine Währungsreform, sondern lediglich eine Währungsumstellung.

Warschauer Pakt (Warschauer Vertragsorganisation): Die 1955 gegründete Organisation fasste unter Führung der Sowjetunion alle militärischen Kräfte Osteuropas einschließlich der DDR zusammen. Der Pakt ergänzte die zwischenstaatlichen Verträge der Sowjetunion mit den von ihr abhängigen Staaten und war das Gegenstück zur 1949 gegründeten → *NATO*. Nach dem Ende des → *Kalten Krieges* und der Sowjetunion zerfiel das Bündnis 1991. Einige ehemalige Mitglieder schlossen sich danach gegen den Willen Russlands der NATO an.

Weimarer Verfassung: die 1919 von der in Weimar tagenden → *Nationalversammlung* erarbeitete → *Verfassung*. Sie trat am 11. August 1919 in Kraft und machte das → *Deutsche Kaiserreich* zur → *Republik* und → *parlamentarischen Demokratie* (→ *Parlament*). Die Verfassung enthielt umfangreiche Grundrechte (→ *Menschen- und Bürgerrechte*) und wies dem → *Reichstag* eine zentrale Rolle im Gesetzgebungsverfahren zu. Trotzdem war der Reichspräsident das mächtigste Verfassungsorgan, da der Reichskanzler sein Vertrauen benötigte, er den Reichstag auflösen konnte und das Recht hatte, Notverordnungen mit Gesetzeskraft zu erlassen. Dieses Nebeneinander von Präsidentenmacht und Parlamentsdemokratie führte am Ende der Weimarer Republik zu Problemen.

Weltbild → *heliozentrisches Weltbild*, → *geozentrisches Weltbild*

Westfälischer Frieden: Der in Münster und Osnabrück geschlossene Frieden beendete 1648 den Dreißigjährigen Krieg. Durch ihn verlagerte sich das politische Schwergewicht vom → *Heiligen Römischen Reich Deutscher Nation* auf die → *Territorialstaaten*, gleichzeitig gewannen andere europäische Mächte durch ihn Einfluss auf die deutsche Politik.

Westintegration: die politische, wirtschaftliche, militärische und kulturelle Einbindung der Bundesrepublik Deutschland in die westliche Welt nach 1945, besonders in die → *NATO* und Europa (→ *europäische Einigung*, → *Europäische Wirtschaftsgemeinschaft*, → *Montanunion*). Als ihr Wegbereiter gilt der erste Bundeskanzler → *Adenauer* (CDU).

Widerstand: allgemein die Bezeichnung für die Opposition gegen → *Hitler* und das → *„Dritte Reich"*. Im engeren Sinne war Widerstand das Verhalten von Personen und Gruppen, die das NS-Regime als Ganzes ablehnten und aktiv beseitigen wollten. Höhepunkt des militärischen Widerstandes war das Attentat auf Hitler am 20. Juli 1944 durch → *Stauffenberg*. Beispiele des zivilen Widerstandes sind der Attentatsversuch des Tischlers → *Elser* und die Flugblattaktionen der „Weißen Rose" (→ *Hans und Sophie Scholl*), Beispiele für kirchlichen Widerstand die Theologen → *Graf von Galen* und → *Bonhoeffer*.

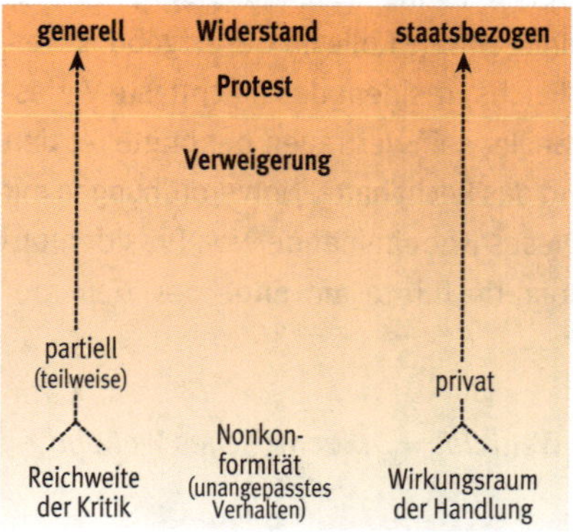

Abweichendes Verhalten im „Dritten Reich".
Der Historiker Detlev Peukert hat Formen abweichenden Verhaltens geordnet.
Als Widerstand definiert er nur jene Verhaltensformen, in denen das NS-Regime als Ganzes abgelehnt und Maßnahmen zu dessen Beseitigung getroffen wurden.
Nach: Detlev Peukert, Volksgenossen und Gemeinschaftsfremde, Köln 1982, S. 97

Wiener Kongress: 1814/15 versammelten sich die europäischen Mächte in Wien, um in einer neuen Friedensordnung das Gleichgewicht der Mächte (→ *Gleichgewichtspolitik*) auf dem Kontinent wiederherzustellen und revolutionäre Bestrebungen (→ *Revolution*) zu verhindern.

„Wormser Konkordat“ → *Investitur, -streit*

Zeitstrahl: eine Linie, die einen Zeitraum festlegt, um auf ihm Ereignisse, Personen oder Epochen einem Datum oder Zeitraum zuzuordnen. Ein Zeitstrahl dient der Orientierung in der → *Geschichte*.

Zunft: Seit dem 11. Jh. schlossen sich städtische Handwerker zu christlichen Gemeinschaften zusammen. Diese Zünfte wehrten sich gegen die alleinige Macht der → *Patrizier* in den Städten, erließen Vorschriften über das Arbeitsleben, kontrollierten Menge und Qualität der Waren und sorgten bei Krankheit und Tod für ihre Mitglieder und deren Familien.

Zwangsarbeit: Um den wachsenden Bedarf an Arbeitskräften zu decken, wurden im Verlauf des → *Zweiten Weltkrieges* ausländische Zivilisten und Kriegsgefangene nach Deutschland verschleppt. Im August 1944 arbeiteten etwa 7,6 Millionen ausländische Männer und Frauen im Deutschen Reich, darunter mehr als zwei Millionen aus der Sowjetunion.

Zweiter Weltkrieg: Am 1. September 1939 begann der Zweite Weltkrieg mit dem Überfall des Deutschen Reiches auf Polen. Im Westen begannen die Kämpfe 1940 mit der Besetzung aller Anliegerstaaten. Im Sommer 1941 marschierten deutsche Truppen in die Sowjetunion ein. Gegen Deutschland und seine Verbündeten schlossen sich die USA, Großbritannien und die Sowjetunion zur → *Anti-Hitler-Koalition* zusammen, um eine → *bedingungslose Kapitulation* Deutschlands, Italiens und Japans zu erreichen. Am 8./9. Mai 1945 endete der → *„totale Krieg“* in Europa. In Fernost fand er erst nach dem Abwurf zweier amerikanischer Atombomben auf die japanischen Industriestädte Hiroshima und Nagasaki sein Ende. Über 55 Millionen Menschen verloren im Zweiten Weltkrieg ihr Leben.

Namen

Adenauer, Konrad (1876-1967): Jurist; 1917 bis 1933 Oberbürgermeister von Köln, 1949 bis 1963 erster Bundeskanzler der Bundesrepublik Deutschland und 1950 bis 1966 Bundesvorsitzender der CDU. Er sorgte für die → *Westintegration* der Bundesrepublik Deutschland, engagierte sich für die deutsch-französische Freundschaft und die → *europäische Einigung* (→ *Europäische Wirtschaftsgemeinschaft*, → *Montanunion*) sowie für die Aussöhnung mit Israel.

Alexander der Große (356-323 v. Chr.): König von Makedonien (ab 336). Er eroberte ein Weltreich und verbreitete die griechische Lebensweise und Kultur (→ *Hellenismus*).

Athene: griechische Göttin der Weisheit, der Kunst und des Ackerbaus. Sie war Stadtgöttin und Schutzpatronin der → *Polis* Athen. Der Parthenon-Tempel auf der Akropolis war ihr geweiht.

Augustus (63 v.-14 n. Chr.): Noch unter dem Namen Octavian wurde der Großneffe und Haupterbe → *Caesars* nach 31 v. Chr. „der erste Mann im Staat" (lat. *princeps*; → *Prinzipat*). Der → *Senat* verlieh ihm 27 v. Chr. wegen seiner Verdienste den Ehrentitel „Augustus" (dt. „der Erhabene"). Er herrschte fast unumschränkt und vererbte seine Macht in seiner Familie. Der Monat August wurde nach ihm benannt. Spätere → *Kaiser* übernahmen die Bezeichnung „Augustus" in ihren Kaisertitel.

Benedikt von Nursia (um 480-547): Das Leben des Ordensgründers (→ *Orden*) ist quellenmäßig (→ *Quellen*) nicht gesichert. Die nach ihm benannte Regel für das Klosterleben (→ *Kloster*) prägte das abendländische → *Mönchtum* (→ *Benediktinerregel*).

Bismarck, Otto Fürst von (1815-1898): Jurist, Gutsherr und Diplomat; 1862 bis 1890 preußischer Ministerpräsident und Minister des Auswärtigen, 1871 bis 1890 auch Reichskanzler. Er ist der eigentliche Gründer des ➔ *Deutschen Kaiserreiches*. Sein ➔ *Bündnissystem* war dem ➔ *europäischen Gleichgewicht* verpflichtet. Innenpolitisch bekämpfte er den Katholizismus (➔ *„Kulturkampf"*) und die ➔ *Arbeiterbewegung* (➔ *Sozialistengesetz*). Mit seiner ➔ *Sozialgesetzgebung* reagierte er auf die ➔ *Soziale Frage* und politische Probleme.

Bonhoeffer, Dietrich (1906-1945; ermordet): evangelischer Theologe. 1935 übernahm er die Leitung des Predigerseminars der Bekennenden Kirche. Er schloss sich dem ➔ *Widerstand* an und wurde 1943 als Gegner ➔ *Hitlers* verhaftet. Nach dem 20. Juli 1944 wurde er mit dem Attentat auf Hitler in Verbindung gebracht, inhaftiert und im KZ Flossenbürg 1945 ermordet.

Brandt, Willy (geboren unter dem Namen *Herbert Frahm*, 1913-1992): Journalist und SPD-Politiker; 1957 bis 1966 Regierender Bürgermeister von West-Berlin, 1964 bis 1987 Bundesvorsitzender der SPD. Als Bundesaußenminister (1966-1969) und Bundeskanzler (1969-1974) war er verantwortlich für die Reformpolitik (➔ *Reform*) der sozialliberalen Koalition und die ➔ *Neue Ostpolitik*. 1971 erhielt Brandt für seine Ostpolitik den Friedensnobelpreis.

Briand, Aristide (1862-1932): französischer Politiker; mehrmals Außenminister, zuletzt 1925-1932. Er bemühte sich nach dem ➔ *Ersten Weltkrieg* mit ➔ *Stresemann* um die deutsch-französische Aussöhnung zur Sicherung des Friedens in Europa. Beide Staatsmänner erhielten 1926 den Friedensnobelpreis.

Brüning, Heinrich (1885-1970): Wirtschaftswissenschaftler und führender Zentrumspolitiker; 1921 bis 1930 Geschäftsführer des christlichen Deutschen Gewerkschaftsbundes. Er hatte sich als Steuer-

und Finanzexperte einen Namen gemacht. Als Vorsitzender der Zentrumsfraktion wurde er 1930 Reichskanzler. Während der Weltwirtschaftskrise versuchte er, mit Notverordnungen (➔ *Präsidialkabinett*) den Staatshaushalt durch strenge Sparpolitik zu sanieren und die Reparationsfrage (➔ *Reparationen*) zu lösen. 1932 entzog Reichspräsident ➔ *Hindenburg* ihm das Vertrauen und entließ ihn.

Caesar (*Gaius Iulius C.*, 100-44 v. Chr.): Feldherr, Staatsmann und Schriftsteller. Er begann 49 einen Bürgerkrieg, um seine Machtansprüche durchzusetzen. Als unumschränkter Herrscher (Diktator; seit Anfang 44 auf Lebenszeit, ➔ *Diktatur*) ordnete Caesar die Neuordnung des Staates an. An den Iden (15.) des März 44 v. Chr. wurde er von Angehörigen des ➔ *Senats* ermordet. Der Monat Juli wurde nach ihm benannt. „Caesar" wurde zum Teil des Titels der römischen Herrscher; der Name lebt in den Herrschertiteln ➔ *Kaiser* und Zar fort.

Chlodwig: seit 481/82 ➔ *König* der Merowinger. Er trat das römische Erbe in Gallien an und dehnte seine Herrschaft über alle fränkischen Stämme aus. Sein Übertritt zum christlichen Glauben (➔ *Christentum*) war für das Fränkische Reich von entscheidender politischer Bedeutung.

Chruschtschow, Nikita S. (1894-1971): Der gelernte Maschinenschlosser stand von 1953 bis 1964 an der Spitze der KPdSU, gleichzeitig war er von 1958 bis 1964 Vorsitzender des Ministerrats der UdSSR. 1956 kritisierte er den Personenkult um ➔ *Stalin* und dessen Verbrechen. Er setzte sich für eine „friedliche Koexistenz" der unterschiedlichen Gesellschafts- und Wirtschaftsordnungen ein, unterdrückte aber 1956 gewaltsam die ➔ *Reformen* in Ungarn und Polen. Seine eigenmächtige Innen- und Außenpolitik führte im Oktober 1964 zur Entlassung aus seinen Ämtern.

Ebert, Friedrich (1871-1925): gelernter Sattler; ab 1913 Vorsitzender der SPD. Nach Ausrufung der → *Republik* am 9. November 1918 übernahm Ebert als Führer der stärksten Fraktion im → *Parlament* das Amt des Reichskanzlers. 1919 wurde er erster Reichspräsident der Weimarer Republik (→ *Weimarer Verfassung*).

Elser, Georg (1903-1945; ermordet): gelernter Tischler. Im November 1938 beschloss er allein, → *Hitler* zu ermorden (→ *Widerstand*). Sein Bombenattentat vom 8. November 1939 im Münchener Bürgerbräukeller scheiterte. Er wurde verhaftet und am 9. April 1945 auf Befehl Hitlers im KZ Dachau umgebracht.

Engels, Friedrich (1820-1895): Kaufmann, Philosoph und sozialistischer Politiker aus Barmen. Mit seinem Freund → *Marx* prägte er → *Arbeiterbewegung* und → *Sozialdemokratie*.

Friedrich II. (1194-1250): deutscher → *König* und → *Kaiser* aus dem schwäbischen Adelsgeschlecht der → *Staufer*. Zentrum seiner Herrschaft war das christlich und muslimisch geprägte Sizilien. Er stritt mit den lombardischen Städten in Norditalien und den → *Päpsten* um die Macht und überließ den deutschen Landesherren weitreichende Rechte.

Friedrich II., der Große (1712-1786): seit 1740 → *König* von Preußen. Nach seinem Regierungsantritt eroberte er Schlesien. Er sah sich als „erster Diener“ des Staates, regierte absolutistisch (→ *Absolutismus*) im Sinne der → *Aufklärung* und verbesserte Verwaltung, Rechtswesen und Landwirtschaft.

Galen, Clemens August Kardinal Graf von (1878-1946): katholischer Theologe; seit 1933 → *Bischof* von Münster. Er klagte in seinen Predigten die → *Rassenideologie* und die Ermordung von „lebensunwertem Leben" („Euthanasie") der Nationalsozialisten (→ *Nationalsozialismus*) öffentlich an. 1946 wurde er Kardinal.

Galilei, Galileo (1564-1642): italienischer Mathematiker, Physiker und Philosoph. Er gilt als einer der Mitbegründer der exakten Naturwissenschaften. Als er das → *heliozentrische Weltbild* durch Beobachtungen bestätigte, kam er in Konflikt mit der Kirche.

Gaulle, Charles de (1890-1970): französischer General und Staatsmann; 1945 bis 1946 Ministerpräsident und vorläufiger Staatspräsident, 1958 bis 1969 Staatspräsident. Er förderte mit → *Adenauer* die → *europäische Einigung* (→ *Europäische Wirtschaftsgemeinschaft*, → *Montanunion*).

Goebbels, Paul Joseph (1897-1945; Selbstmord): Germanist, Schriftsteller und führender Politiker der → *NSDAP*; von 1933 bis 1945 Reichsminister für Volksaufklärung und Propaganda. 1943 verkündete er den → „*totalen Krieg*". Ab Juli 1944 war er „Generalbevollmächtigter für den totalen Kriegseinsatz".

Gorbatschow, Michail S. (*1931): Agrarwirt; ab 1985 Generalsekretär des Zentralkomitees der KPdSU und von März 1990 bis Dezember 1991 sowjetischer Staatspräsident. Seine Politik (→ *Glasnost und Perestroika*) sollte die Sowjetunion reformieren (→ *Reform*) und festigen, trug aber stattdessen zu ihrem Zerfall bei. Für seinen Beitrag zur Beendigung des → *Kalten Krieges* erhielt er 1990 den Friedensnobelpreis.

Gregor VII. (eigentlich *Hildebrand von Soana*, um 1020-1085): Der Benediktinermönch wurde 1073 → *Papst*. Als Oberhaupt der römisch-katholischen Kirche setzte er sich gegen Ämterkauf und Priesterehe ein. Gregor VII. stufte die päpstliche Gewalt höher ein als die weltliche und lehnte im → *Investiturstreit* jeden Einfluss von Laien – auch der gesalbten Herrscher – auf die Kirche ab.

Gutenberg, Johannes (um 1400-1468): Um 1450 erfand Johannes Gensfleisch, genannt Gutenberg, in Mainz das Drucken mit beweglichen Metallbuchstaben und revolutionierte damit den Buchdruck. Seine Erfindung fand rasche Verbreitung und leitete große Veränderungen ein.

Hardenberg, Karl August von (1750-1822): seit 1792 in preußischen Diensten. Hardenberg setzte ab 1810 als Staatskanzler die Reformarbeit (→ *Preußische Reformen*, → *Reform*) von → *Stein* fort.

Heinrich der Löwe (um 1129-1195): wurde 1142 Herzog von Sachsen und erhielt 1156 von seinem Vetter, → *Kaiser* Friedrich I. Barbarossa aus dem Geschlecht der → *Staufer*, auch Bayern als Lehen (→ *Lehnswesen*). Heinrich der Löwe förderte die deutsche → *Ostsiedlung* und ließ zahlreiche Städte gründen. Als er 1176 dem Kaiser die Heeresfolge verweigerte, verlor er 1180 die beiden Herzogtümer Bayern und Sachsen, nicht aber seinen Eigenbesitz um Braunschweig-Lüneburg, nachdem ein → *Reichstag* über ihn die → *Reichsacht* verhängt hatte.

Heinrich IV. (1050-1106): Der in Goslar geborenen Herrscher war seit 1056 → *König* und ab 1084 → *Kaiser*. Im → *Investiturstreit* verhängte → *Papst* → *Gregor VII.* den → *Bann* gegen ihn. Mit dem → *„Gang nach Canossa“* löste er sich 1077 von dem Bann. Der Konflikt mit der Kirche aber blieb. 1105 wurde Heinrich IV. von seinem Sohn Heinrich (V.) und den Fürsten bekämpft und abgesetzt.

Hera: die höchste Göttin der griechischen Sagenwelt und Frau von → *Zeus*. Sie wachte über das Leben der Frauen, beschützte Mutterschaft, Geburt und Ehe. Sie wurde in Olympia verehrt. Ihr entspricht bei den Römern Juno.

Hildegard von Bingen (1098-1179): Gründerin und Leiterin des → *Klosters* Rupertsberg bei Bingen sowie Autorin von heil- und naturkundlichen Schriften.

Himmler, Heinrich (1900-1945; Selbstmord): diplomierter Landwirt; ab 1923 in der → *NSDAP* aktiv; ab 1929 Reichsführer der SS und ab 1936 Chef der Deutschen Polizei; ab 1939 Reichskommissar für die Festigung des deutschen Volkstums und ab 1943 Reichsinnenminister. Himmler war Herr über die → *Konzentrations- und Vernichtungslager*. Ende April 1945 schloss ihn → *Hitler* wegen heimlicher Friedensverhandlungen mit dem Feind aus der Partei aus.

Hindenburg, Paul von (1847-1934): 1914 bis 1916 Oberbefehlshaber Ost; 1916 bis 1918 Chef des Generalstabs und Oberbefehlshaber aller deutschen Soldaten im → *Ersten Weltkrieg*; 1925 bis 1934 Reichspräsident. Er übertrug → *Hitler* am 30. Januar 1933 die Regierung.

Hitler, Adolf (1889-1945; Selbstmord): deutscher Politiker österreichischer Herkunft; Kriegsfreiwilliger im → *Ersten Weltkrieg*; seit 1921 Vorsitzender der → *NSDAP*; ab dem 30. Januar 1933 Reichskanzler (→ *„Machtergreifung“*). 1934 übernahm er auch das Amt des Reichspräsidenten (Titel: „Führer und Reichskanzler“). Sein → *Antisemitismus*, seine → *Rassenideologie* und seine Vorstellung von der Ausdehnung des Deutschen Reiches (→ *„Lebensraumideologie“*) prägten die totalitäre Politik (→ *Totalitarismus*) des → *SS-Staates*, die zum → *Vernichtungskrieg* und zum → *Holocaust* führte.

Homer (8. Jh. v. Chr.): der älteste bekannte Dichter Europas. Unter seinem Namen sind die „Ilias“ und die „Odyssee“ überliefert. Die Römer verehrten Homer als den größten griechischen Dichter, und die bedeutendsten römischen Dichter nahmen sich ihn zum Vorbild.

Honecker, Erich (1912-1994): Der ehemalige Dachdeckergehilfe und kommunistische Politiker (➔ *Kommunismus*) baute nach 1946 die Jugendorganisation der SED, die „Freie Deutsche Jugend", auf. 1961 organisierte er den Bau der ➔ *Berliner Mauer*. Zehn Jahre später wurde er mit sowjetischer Unterstützung Nachfolger von ➔ *Ulbricht* als SED-Chef. Von 1976 bis 1989 war er auch Staatsratsvorsitzender in der DDR. Am 18. Oktober 1989 zwang ihn das SED-Politbüro zum Rücktritt.

Jesus Christus: jüdischer Wanderprediger, der das anbrechende Reich Gottes verkündigte und die Menschen zur inneren Umkehr aufrief. Er wurde wohl um das Jahr 4 vor Beginn unserer Zeitrechnung geboren und um das Jahr 30 aus nicht näher bekannten politischen Gründen von den Römern verurteilt und in Jerusalem gekreuzigt. Aus dem Bekenntnis zu Jesus als dem „Christus" (griech. *christos*: „der Gesalbte", Übersetzung des hebräischen „Messias") ist das ➔ *Christentum* entstanden.

Kant, Immanuel (1724-1804): bedeutendster deutscher Philosoph der ➔ *Aufklärung*. Er hatte Naturwissenschaften, Theologie, Philosophie und klassische Literatur studiert, war erst Hauslehrer und dann Professor in Königsberg.

Karl der Große (lat. *Carolus Magnus*, frz. *Charlemagne*; 748-814): ➔ *König* der Franken (seit 768) und Langobarden (seit 774). Er erneuerte das weströmische Kaisertum (➔ *Kaiser* seit 800), dehnte seine Herrschaft über weite Teile des heutigen Europa aus, trieb die ➔ *Missionierung* voran und förderte Bildung, Wissenschaft und Kunst.

Karl V. (1500-1558): ➔ *König* von Kastilien und Aragon (seit 1516) und ➔ *Kaiser* des ➔ *Heiligen Römischen Reiches Deutscher Nation* (seit 1519) aus dem Geschlecht der Habsburger. Er beherrschte große Gebiete in Europa und Südamerika. Karl V. versuchte vergeblich, die religiöse Einheit des Reiches zu bewahren (→ *Reformation*, → *Kirchenspaltung*); 1556 dankte er als Kaiser ab.

Katharina II., die Große (1729-1796): seit 1762 Zarin von Russland. Sie regierte im Sinne des aufgeklärten Absolutismus (→ *Aufklärung*, → *Absolutismus*) und erwarb in den drei → *Polnischen Teilungen* den Hauptteil Polens.

Kennedy, John F. (1917-1963; ermordet): zunächst Reporter; Politiker der Demokratischen Partei. 1960 wurde Kennedy zum Präsidenten gewählt. In seine Amtszeit fallen der Bau der → *Berliner Mauer* (1961), die Kuba-Krise (1962) und die Entscheidung für das amerikanische Engagement in Vietnam. Seine Ermordung in Dallas (Texas) schockierte die Welt.

Kleopatra VII. (69-30 v. Chr.; Selbstmord): letzte ägyptische Königin und weiblicher → *Pharao*. Kleopatra wurde von → *Caesar* unterstützt, war dessen Geliebte und hatte einen Sohn mit ihm.

Kohl, Helmut (*1930): Historiker; von 1969 bis 1976 war der CDU-Politiker Ministerpräsident des Landes Rheinland-Pfalz und von 1982 bis 1998 Bundeskanzler der Bundesrepublik Deutschland. Er förderte den europäischen Einigungsprozess (→ *europäische Einigung*) und gestaltete die deutsche Wiedervereinigung wesentlich mit.

Kolumbus, Christoph (1451-1506): Seefahrer aus Genua, der versuchte, in westlicher Richtung nach Indien zu gelangen. Im Auftrag der spanischen Krone begann er seine Reise und entdeckte dabei 1492 zufällig Amerika.

Konstantin I., der Große (um 285-337): Feldherr und römischer → *Kaiser*. Konstantin erkannte mit dem Toleranzedikt von Mailand

313 das → *Christentum* als gleichberechtigte Religion an. Er ließ sich aber erst auf dem Sterbebett taufen. Im Jahre 330 hatte er Konstantinopel (→ *Byzanz*) zur Hauptstadt des Römischen Reiches gemacht.

Kopernikus, Nikolaus (1473-1543): Kirchenmann und Astronom. Er fand durch Berechnungen heraus, dass die Sonne im Mittelpunkt der Welt steht. Er bestätigte damit das → *heliozentrische Weltbild*.

Lassalle, Ferdinand (1825-1864): Sohn eines jüdischen Kaufmanns aus Breslau; Philosoph, Journalist und Politiker; gründete 1863 den Allgemeinen Deutschen Arbeiterverein, aus dem 1890 die Sozialdemokratische Partei Deutschlands (SPD) hervorging (→ *Sozialdemokratie*).

Lenin, Wladimir I. (eigentlich *Wladimir Iljitsch Uljanow*, 1870-1924): bedeutendster kommunistischer Theoretiker (→ *Kommunismus*); Mitbegründer der bolschewistischen → *Partei* (→ *Bolschewismus*) und 1917 führender Revolutionär während der → *Oktoberrevolution* (→ *Revolution*). Sein Nachfolger wurde → *Stalin*.

Ludwig XIV. (1638-1715, „Sonnenkönig“): seit 1643 → *König* von Frankreich. Nachdem er 1661 die Regierungsgeschäfte selbst übernommen hatte, entmachtete er den → *Adel* und regierte absolutistisch (→ *Absolutismus*). Die wirtschaftliche Stärke des Landes steigerte er durch den → *Merkantilismus*. Um die Vorherrschaft (→ *Hegemonie*) Frankreichs auf dem Kontinent durchzusetzen, führte er zahlreiche Kriege.

Luther, Martin (1483-1546): Reformator (→ *Reformation*). Er veröffentlichte 1517 in Wittenberg seine 95 Thesen über den → *Ablass*, bestritt später die Führungsrolle des → *Papstes* und die Unfehlbarkeit der Kirchenversammlungen (Konzilien). 1520 wurde ihm der Prozess gemacht, ein Jahr später die → *Reichsacht* über ihn verhängt.

Keiner sollte ihn mehr schützen dürfen. Doch der Kurfürst von Sachsen, Friedrich III., der Weise, gewährte ihm Schutz auf der Wartburg. Der Reformator übersetzte die ganze Bibel neu, verfasste zahlreiche Lehrwerke und Kirchenlieder.

Luxemburg, Rosa (1870-1919; ermordet): Journalistin und Politikerin. Die aus einer jüdischen Familie stammende Politikerin war zunächst Mitglied der Sozialdemokratischen Arbeiterpartei Polens. 1898 kam sie nach Berlin und schloss sich der Sozialdemokratischen Partei Deutschlands (SPD; → *Sozialdemokratie*) an. 1918 beteiligte sie sich an der Gründung der Kommunistischen Partei Deutschlands (KPD; → *Kommunismus*). Rosa Luxemburg setzte sich für einen auf Freiheit und → *Demokratie* beruhenden → *Sozialismus* ein. Im Januar 1919 wurden sie und Karl Liebknecht von Freikorps-Soldaten verschleppt, misshandelt und umgebracht.

Maria Theresia (1717-1780): Erzherzogin von Österreich, → *Königin* von Böhmen und Ungarn, Ehefrau von → *Kaiser* Franz I. und Mutter von 16 Kindern. Sie verlor Schlesien an → *Friedrich II., den Großen*, von Preußen und regierte nach dem Tod des Ehemannes 1765 mit ihrem Sohn Joseph II. Sie leitete innenpolitische → *Reformen* ein.

Marx, Karl (1818-1883): protestantisch getaufter Jude aus Trier; Journalist, Philosoph und Begründer des → *Marxismus*. Gemeinsam mit → *Engels* prägte er → *Arbeiterbewegung* und → *Sozialdemokratie*.

Metternich, Klemens Wenzel Fürst von (1773-1859): 1809 bis 1821 österreichischer Staats- und Außenminister, 1821 bis 1848 Staatskanzler. Er kämpfte für die Erhaltung der 1815 wiederhergestellten Herrschaftsordnung (→ *Restauration*) und kämpfte gegen liberale und nationale Bewegungen (→ *Liberalismus*, → *Nationalismus*). Bei Ausbruch der → *Revolution* in Wien wurde er 1848 gestürzt.

Mohammed (um 570-632): Gründer des → *Islam*. Nach arabischen → *Quellen* aus dem 9. und 10. Jh. lernte Mohammed (arab.: „der Gepriesene") als junger Mann die Lehren der Juden und Christen kennen (→ *Judentum*, → *Christentum*). Mit etwa 40 Jahren fühlte er sich zum Gesandten Gottes (Allahs) berufen. Die arabische Zeitrechnung beginnt mit seiner Auswanderung (arab. *Hedschra*) von Mekka nach Medina 622. Mohammed war auch Herrscher über weite Teile Arabiens. Für ihn und seine Nachfolger sind Religion und Staat eine Einheit.

Napoleon I. Bonaparte (1769-1821): Durch einen Staatsstreich beendete der auf Korsika geborene General 1799 die → *Französische Revolution* und übernahm die Macht. 1804 krönte er sich zum → *Kaiser* und leitete zur Sicherung seiner Herrschaft zahlreiche → *Reformen* ein. Mit seinen Truppen und seiner Bündnispolitik eroberte er fast ganz Europa. Erst die Niederlage im Russlandfeldzug (1812) und die deutschen Befreiungskriege (1813/14) führten zur Wende seiner Herrschaft. 1814 musste er abdanken und wurde nach Elba verbannt. Im März 1815 kehrte Napoleon zurück, wurde aber nach der „Herrschaft der hundert Tage" bei Waterloo endgültig besiegt und auf die Insel St. Helena im Südatlantik verbannt.

Otto I., der Große (912-973): deutscher → *König* und → *Kaiser*. Er sicherte das Reich gegen die Ungarn, gründete zahlreiche Bistümer, förderte die → *Missionierung* und machte die → *Reichskirche* zur Stütze seiner Herrschaft. Nach dem Vorbild → *Karls des Großen* ließ er sich 962 in Rom zum Kaiser krönen.

Perikles (um 500-429 v. Chr.): athenischer Staatsmann. Er war von vornehmer Herkunft und leitete seit 443 als jährlich wiedergewählter Politiker die Geschicke der athenischen → *Demokratie*. Seine Zeit gilt als Glanzzeit Athens, sowohl künstlerisch als auch politisch. 431

begann unter ihm der Peloponnesische Krieg um die Vorherrschaft Athens in Griechenland. Ein Jahr später wurde er abgesetzt.

Robespierre, Maximilien de (1758-1794; hingerichtet): Rechtsanwalt und mitverantwortlicher Politiker für den Terror in der → *Französischen Revolution*.

Scheidemann, Philipp (1865-1939): gelernter Schriftsetzer; Redakteur und seit 1917 neben → *Ebert* im Vorstand der SPD. Am 9. November 1918 rief er in Berlin die → *Republik* aus, wurde Mitglied des Rats der Volksbeauftragten und führte als Ministerpräsident die erste gewählte Reichsregierung. Scheidemann akzeptierte den → *Versailler Vertrag* nicht und trat von seinem Amt zurück.

Schmidt, Helmut (*1918): Diplomvolkswirt und SPD-Politiker; 1969 bis 1972 Bundesverteidigungsminister und danach zwei Jahre Finanzminister. 1974 wurde Schmidt Bundeskanzler. Er regierte bis 1982. In seine Regierungszeit fielen die erste große Wirtschaftsrezession der Nachkriegszeit, die Höhepunkte des Terrorismus, die Schlussakte der → *KSZE* von Helsinki 1975 und der NATO-Doppelbeschluss 1979.

Scholl, Hans (1918-1943; hingerichtet): Student der Medizin. Er gründete an der Münchener Universität die Widerstandsgruppe „Weiße Rose“ (→ *Widerstand*). Der Volksgerichtshof verurteilte ihn zum Tode.

Scholl, Sophie (1921-1943; hingerichtet): Studentin der Biologie und Philosophie; sie schloss sich der von ihrem Bruder → *Hans Scholl* gegründeten Widerstandsgruppe an (→ *Widerstand*) und wurde wie er vom Volksgerichtshof zum Tode verurteilt.

Schumacher, Kurt (1895-1952): Journalist und SPD-Politiker; 1930 bis 1933 Mitglied des → *Reichstages* und während des → *„Dritten Reiches“* mehrfach in Konzentrationslagern inhaftiert (→ *Konzentra-*

tions- und Vernichtungslager). Seit 1946 war er Vorsitzender der SPD. Schumacher lehnte nach 1945 die Zusammenarbeit mit der KPD ab und kritisierte die Nachkriegspolitik → *Adenauers* scharf.

Sokrates (469-399 v. Chr.): griechischer Philosoph aus Athen. Er wurde wegen seines radikalen philosophischen Fragens von vielen Athenern abgelehnt und wegen verderblichen Einflusses auf die Jugend von einem Volksgericht zum Tode verurteilt. Von ihm ließen sich viele Denker von der → *Antike* bis zur Gegenwart anregen.

Stalin, Josef W. (eigentlich *Jossif Wissarionowitsch Dschugaschwili*, 1878-1953): aus Georgien stammender russischer Revolutionär; ab 1922 Generalsekretär der Kommunistischen Partei (→ *Kommunismus*). Er errichtete in der Sowjetunion eine totalitäre Herrschaft (→ *Totalitarismus*, → *Stalinismus*), die er nach dem → *Zweiten Weltkrieg* auf die von der Sowjetunion abhängigen Staaten ausdehnte und die bis zu seinem Tod dauerte. Er war mitverantwortlich für den → *Kalten Krieg*.

Stauffenberg, Claus Schenk Graf von (1907-1944; hingerichtet): Offizier und Widerstandskämpfer (→ *Widerstand*). Am 20. Juli 1944 scheiterte sein Attentat auf → *Hitler*. Er wurde noch am Abend des Attentats von regimetreuen Offizieren verhaftet und mit weiteren Verschwörern erschossen.

Stein, Heinrich Reichsfreiherr vom und zum (1757-1831): Der aus Nassau an der Lahn stammende, seit 1780 in preußischem Staatsdienst stehende Politiker leitete nach 1807 die → *Preußischen Reformen* ein.

Stresemann, Gustav (1878-1929): Wirtschaftsfachmann und Politiker; 1923 Reichskanzler; 1923 bis 1929 Außenminister. Er prägte die Außenpolitik der Weimarer Republik (→ *Republik*), setzte sich für die

Aufnahme des Deutschen Reiches in den → *Völkerbund* ein, bemühte sich mit → *Briand* um die Verständigung mit Frankreich und erhielt mit ihm 1926 den Friedensnobelpreis.

Ulbricht, Walter (1893-1973): Der gelernte Tischler organisierte nach 1945 den Aufbau der KPD (→*Kommunismus*) und die Gründung der SED. Als Erster Sekretär des Zentralkomitees der SED war er von 1950 bis 1971 verantwortlich für den Aufbau der von Moskau abhängigen DDR. Von 1960 bis 1971 war Ulbricht auch Vorsitzender des DDR-Staatsrats.

Wallenstein, Albrecht von (1583-1634; ermordet): Feldherr und Staatsmann. Mit seiner Heirat 1609 sowie durch die Unterstützung des → *Kaisers* bei der Niederwerfung des böhmischen Aufstandes 1618/20 gewann er große Gebiete. Dem Kaiser stellte er im Dreißigjährigen Krieg ein Söldnerheer zur Verfügung. Er erhielt den Oberbefehl über alle kaiserlichen Truppen im Reich. Später wurde er als Verräter verdächtigt und von kaiserlichen Offizieren ermordet.

Wilhelm II. (1859-1941): 1888-1918 → *König* von Preußen und Deutscher → *Kaiser*. Er setzte den Rücktritt → *Bismarcks* durch. Seine Vorstellungen von → *Gottesgnadentum* und Weltmacht sowie seine Einstellung zum Militär (→ *Militarismus*) prägten die „Wilhelminische Gesellschaft“.

Wilson, Thomas Woodrow (1856-1924): Jurist, Historiker und Politiker der Demokratischen Partei; 1913 bis 1921 Präsident der USA. Er war 1917 verantwortlich für den Eintritt der USA in den → *Ersten Weltkrieg* und regte die Bildung des → *Völkerbundes* an.

Zeus: der mächtigste Gott der griechischen Sagenwelt und Gatte der → *Hera*. Sein Sitz war der Olymp. Er war Vater zahlreicher Götter und Heroen. Die Römer nannten ihn Jupiter.

Lerntipps

Historische Kompetenz erwerben

Um Geschichte untersuchen, erklären, beurteilen und darstellen zu können, erwirbst du „historische Kompetenz“. Was verstehen wir darunter?

Sachwissen

Du lernst Daten, Namen, Orte und Begriffe der Geschichte. Mit diesem Wissen kannst du Ereignisse und Veränderungen verstehen und in eigenen Worten darstellen.

Methodenkompetenz

Du lernst, Lehrbuchtexte (Darstellungen) und Materialien (Text- und Bildquellen, Karten, Tabellen und Schaubilder) zu untersuchen, ihre Inhalte und Aussagen richtig wiederzugeben und angemessen zu deuten. Du kannst dir weitere Informationen beschaffen und dabei auch mit anderen zusammenarbeiten.

Deutungs- und Reflexionskompetenz

Du lernst, zwischen Belegbarem (Tatsache) und Wahrscheinlichem (Vermutung) zu unterscheiden. Bald verstehst du, dass die Geschichtsschreibung von ihrer jeweiligen Zeit sowie der politischen Position des Urteilenden und seinen Interessen geprägt ist.

Handlungskompetenz

Mit deinem Sachwissen sowie der erlernten Methoden-, Deutungs- und Reflexionskompetenz kannst du dich in Vergangenheit, Gegenwart und Zukunft zurechtfinden.

Aufgaben verstehen und begreifen

Die Arbeitsvorschläge im Geschichtsbuch helfen dir, Wichtiges aus der Darstellung und den Materialien herauszufiltern. Sie zeigen dir, wie du dir dein eigenes Bild über vergangene Zeiten machen kannst. Ein Verb sagt dir, was du tun sollst, um eine Aufgabe zu lösen. Hier erfährst du, welche Erwartungen mit den Auftragsverben (Operatoren) verbunden sind:

- *Nennen, aufzeigen und aufzählen*: wichtige Informationen eines Textes oder eines anderen Materials zusammentragen und geordnet (strukturiert) mit eigenen Worten wiedergeben, ohne die Vorlage zu bewerten
- *beschreiben*: den Inhalt von Texten oder Materialien geordnet (strukturiert) mit eigenen Worten darstellen
- *gliedern*: einen Raum, eine Zeit oder einen Sachverhalt nach selbst gewählten oder vorgegebenen Gesichtspunkten (Kriterien) sinnvoll (systematisch) ordnen
- *wiedergeben*: Kenntnisse (Sachverhalte, Fachbegriffe, Daten, Fakten) und/oder Aussagen mit eigenen Worten geordnet (strukturiert) und ohne Wertung (unkommentiert) darstellen
- *zusammenfassen*: die wichtigsten Aussagen eines Materials in eigenen Worten kurz und knapp, aber geordnet (strukturiert) und ohne Wertung (unkommentiert) wiedergeben

- *analysieren*: Materialien und dargestellte Sachverhalte anhand von Gliederungspunkten (kriterienorientiert/aspektgeleitet) erschließen und geordnet (strukturiert) darstellen
- *charakterisieren*: Sachverhalte mit ihren besonderen Merkmalen beschreiben
- *einordnen*: eine Auffassung, ein Material oder einen Sachverhalt begründet in einen Zusammenhang stellen
- *erklären*: Bedingungen, Ursachen, Gesetzmäßigkeiten und Zusammenhänge eines Sachverhaltes verständlich darstellen
- *erläutern*: Sachverhalte auf der Grundlage von Kenntnissen und

ausgewerteten Materialien darstellen und an Beispielen verdeutlichen

- *herausarbeiten*: Materialien auf bestimmte, nicht unbedingt genannte Sachverhalte hin untersuchen und Zusammenhänge zwischen ihnen herstellen
- *in Beziehung setzen*: Zusammenhänge zwischen Materialien und Sachverhalten nach ausgewiesenen Gesichtspunkten (kriterienorientiert) erläutern
- *nachweisen*: Materialien auf Bekanntes hin untersuchen und die Aussagen belegen
- *vergleichen*: Gemeinsamkeiten, Ähnlichkeiten und Unterschiede von Sachverhalten nach ausgewiesenen Gesichtspunkten (kriterienorientiert) darstellen

- *beurteilen*: den Aussagewert von Sachverhalten oder Entwicklungen prüfen und nach angegebenen Gesichtspunkten (kriterienorientiert) begründet einschätzen
- *entwickeln*: einen Sachverhalt oder ein Problem einschätzen und darstellen; ein Lösungsmodell oder eine Gegenposition inhaltlich weiterführend darlegen
- *erörtern*: sich mit einem Problem abwägend (reflektierend) auseinandersetzen und abschließend begründet Stellung nehmen (urteilen)
- *diskutieren*: einen Sachverhalt beurteilen und sich mit gegensätzlichen Auffassungen auseinandersetzen
- *interpretieren*: Aussagen aus Quellen erschließen, erläutern und anhand ausgewiesener Gesichtspunkte (Kriterien) deuten
- *bewerten und Stellung nehmen*: ein überlegtes (reflektiertes) und begründetes Urteil anhand ausgewiesener Gesichtspunkte (Kriterien) abgeben
- *überprüfen*: Inhalte, Sachverhalte oder Vermutungen mit Kenntnissen oder Materialien auf ihre Richtigkeit oder innere Logik untersuchen

Textquellen untersuchen und deuten

Viele Historiker (Geschichtswissenschaftler) halten die Schrift für so wichtig, dass sie erst ab ihrer Erfindung vor rund 5 000 Jahren von „Geschichte“ sprechen; die Zeit vorher sei „Vorgeschichte“.
Schriftliche Quellen sind unsere wichtigsten „Informanten“ über die Vergangenheit. Sie können von Handelnden, Zeitzeugen oder Geschichtsschreibern stammen. Von ihrer Auswertung und Deutung (Interpretation) hängen unser Wissen und unsere Vorstellung von früher ab.
Wenn du schriftliche Quellen und sonstige Texte genau und kritisch untersuchst, kannst du herausfinden, wie es damals gewesen sein könnte. Fachleute nennen das „Rekonstruktion“ (Nachzeichnung) von Ereignissen und Entwicklungen.

Mit folgenden Fragen kannst du an die Vorlagen herangehen:

1. An wen wendet sich der Text?
2. Wo und wann wurde er verfasst?
3. Wer ist der Verfasser? Ist sein Name bekannt? Was wissen wir über seinen Beruf, seine Aufgaben, seine politische Haltung? Hat er selbst erlebt, was er berichtet?
2. Aus welcher Sicht schreibt er? Steht er auf der Seite einer Gruppe mit bestimmten Wünschen und Interessen?
3. Wertet er? Wie glaubwürdig ist der Autor?
4. Handelt es sich um Urkunden, Gesetze, Flugblätter, Briefe, Reden, Lebenserinnerungen aus der dargestellten Zeit (Primärquellen/-texte) oder um eine später verfasste Beschreibung eines Ereignisses oder einer Person (Sekundärtexte/Fachliteratur), die Fakten und Zusammenhänge deutet?
5. Welche Sprache kennzeichnet den Text? Spielen bestimmte Wörter eine besondere Rolle?

Um den Inhalt einer Textquelle zu erfassen, sind folgende Arbeitsschritte sinnvoll:

1. Lies die Textquelle zunächst sorgfältig durch.
2. Kopiere den Text und unterstreiche oder markiere die Stellen, die dir wichtig erscheinen. Schreibe beim zweiten Lesen unbekannte Begriffe oder schwierige Formulierungen heraus, die du nicht verstehst; schlage in einem Wörterbuch oder einem Lexikon nach.
3. Schreibe bei längeren Texten zunächst eine Inhaltsübersicht und zum Schluss eine Zusammenfassung.

Forschungstexte auswerten

Neben der Quellenarbeit gehört die Arbeit mit Sekundärtexten zu den wichtigsten Aufgaben im Geschichtsunterricht. Diese Texte haben Historiker aufgrund ihrer Quellenforschungen und -deutungen verfasst. Trotz aller Bemühungen um strenge Sachlichkeit (Objektivität) enthält jede Darstellung eines Ereignisses die besondere Sichtweise (Perspektive) ihres Verfassers. Er hat eine bestimmte Frage gewählt, die ihn interessiert, Entwicklungen zusammengefasst und damit seiner Arbeit ein bestimmtes Erkenntnisinteresse zugrunde gelegt. Diese subjektive Betrachtung eines Verfassers solltest du erkennen, damit du dir eine eigene Meinung bilden kannst.

Bei der Auswertung von Sekundärtexten helfen folgende Fragen:

1. Wer ist der Autor des Textes? Wann, wo (und in wessen Auftrag) hat er den Text verfasst?
2. Was wird dargestellt?
3. Zu welchen zentralen Aussagen gelangt der Autor?
4. Wie wird das Dargestellte bewertet? Liegen dieser Bewertung erkennbare Wertmaßstäbe zugrunde?

Tipps für dein Vorgehen:

1. Kopiere den zu bearbeitenden Text.
2. Markiere beim Lesen wichtige Begriffe, die du nachschlagen musst, sowie Behauptungen (Thesen) und Begründungen (Argumente).
3. Kennzeichne den Gedankengang eines Autors durch Schlagworte am Rand. Gliedere ihn in Sinnabschnitte.

Comics und Jugendbücher untersuchen

In manchen Comics kommen Personen und Ereignisse aus der Geschichte vor. In den gezeichneten Bildern werden sie uns scheinbar lebensecht vorgestellt. In Sprechblasen reden sie zu uns. Aber Vorsicht: Im Comic werden Geschichte und Erfindung bunt gemischt, ohne dass wir das immer sofort erkennen.

Dasselbe gilt für historische Jugendbücher. Deren Autoren verwenden aus der Geschichte, was ihnen entweder unterhaltsam erscheint oder was sie für ihre Zwecke brauchen können. Sie wollen Interesse für die Geschichte wecken, aber kein historisches Sachbuch schreiben. Manchmal folgen sie den historischen Quellen, manchmal gehen sie frei mit ihnen um: Sie verändern, fügen etwas hinzu, lassen weg, was ihnen langweilig erscheint oder nicht in ihr Konzept passt. Vor allem die wörtlichen Reden sind so gut wie immer erfunden.

Comics und historische Erzählungen können und sollen uns anregen, uns mit Geschichte zu befassen. Sie reichen nicht aus, wenn wir uns zuverlässig über Personen und Ereignisse der Geschichte informieren wollen. In der Regel muss man die historischen Zusammenhänge kennen, um Comics und Jugendbücher beurteilen zu können.

Folgende Fragen können dir helfen:

1. Welche Person führt uns durch die Geschichte? Vertritt sie eine bestimmte Schicht? Verändert sie ihr Verhalten und ihre Meinung? Wie sieht sie ihre gesellschaftliche und politische Umwelt?

2. Wie verknüpft der Autor die historischen Ereignisse mit dem von ihm erdachten Geschehen?
3. Hat er in seinem Erzähltext zeitgenössische Quellen verwendet? Teilt er mit, woher er sein Wissen hat?

Fremdsprachige Quellen und Texte bearbeiten

Die Arbeit mit fremdsprachigen Texten bietet die Chance, Themen noch glaubwürdiger (authentischer) und realitätsnäher zu untersuchen. Sie werden mit denselben Fragen und Arbeitsschritten bearbeitet wie deutschsprachige. Zuvor solltest du unbekannte Vokabeln kennzeichnen, herausschreiben und nachschlagen. Dabei musst du den Zusammenhang (Kontext) beachten. Berücksichtige, dass viele Vokabeln mehrere Bedeutungen haben. Historische Ereignisse, Epochen oder Entwicklungen werden oft anders bezeichnet als im Deutschen. Die Begriffe lassen sich also nicht einfach wörtlich übersetzen, sondern müssen unserem Sprachgebrauch angepasst werden. Beispiele aus dem Englischen sind „age of enlightenment“ (Aufklärung) oder „stab-in-the-back legend“ („*Dolchstoßlegende*“).

Perspektiven erkennen

Wie kannst du mit Quellen und Darstellungen umgehen, die voneinander abweichen oder sich sogar widersprechen? Zunächst musst du überhaupt erkennen, dass ein Geschehen aus einer bestimmten Sicht (Perspektive) beschrieben wird.

1. Prüfe beim Vergleich von Texten, was der eine erwähnt, der andere aber vielleicht weglässt.
2. Ermittle, wie der Text aufgebaut ist und wo der jeweilige Schwerpunkt liegt.
3. Frage nach den Gründen für die unterschiedlichen Sichtweisen.
4. Achte auf die Sprache, besonders auf wertende Substantive, Verben und Adjektive.

Meinungen vergleichen

Nur über wenige Ereignisse, Entwicklungen und Persönlichkeiten der Geschichte gibt es einheitliche Urteile. Zeitzeugen und Historiker haben häufig verschiedene Meinungen über ein Geschehen oder den Charakter eines Menschen. Das liegt einmal daran, dass alle historischen Entwicklungen ebenso vielfältig sind wie die handelnden Personen. Zum anderen hängt jedes Urteil von der Einstellung ab, mit der wir an eine Sache herangehen: Wir alle urteilen nämlich von unserem jeweiligen Standpunkt aus. Er gründet sich auf unsere bisherigen Erfahrungen und wird von unseren Interessen beeinflusst. Wir legen also unterschiedliche Maßstäbe an. Einigen von uns sind bestimmte Werte und Ziele wichtig, anderen nicht. Manchmal wandeln sich die Auffassungen im Laufe der Zeit. All das beeinflusst eine Meinung über ein Geschehen oder eine Person. Achte bei einem Vergleich mehrerer Texte zuerst auf die inhaltlichen Gemeinsamkeiten, dann auf die Unterschiede. Suche nach Gründen für voneinander abweichende Urteile.

Geschichte ordnen

Um größere Zeiträume übersichtlich zusammenzufassen, unterteilen wir sie in Jahrtausende oder Jahrhunderte. Wenn wir vom 19. Jahrhundert sprechen, meinen wir den Zeitraum von 1801 bis 1900. Außerdem haben wir den Verlauf der Geschichte in große Einheiten gegliedert. Wir nennen sie Epochen. Vor über 300 Jahren machte ein Gelehrter den Vorschlag, die europäische Geschichte in drei große Epochen zu gliedern: in Antike, Mittelalter und Neuzeit. Diese Dreiteilung der Geschichte wurde durch zwei weitere Epochen ergänzt: die Vorgeschichte (auch Ur- und Frühgeschichte genannt) und die Zeitgeschichte. Die eine umfasst die Zeit bis zu den ersten schriftlichen Zeugnissen um 3 000 v. Chr., die andere die jüngste Zeit, von der uns noch lebende „Zeitzeugen“ berichten können (→ *Zeitzeugen befragen*).

Einen Zeitstrahl anlegen

Mit einem Zeitstrahl kann der Verlauf der Geschichte anschaulich dargestellt werden. Wichtige Ereignisse werden zeitlich nacheinander mit Daten aneinandergereiht. Er kann auch das Nebeneinander von verschiedenen Ereignissen verdeutlichen. Achte auf den Maßstab: Gleichlange Zeiträume brauchen gleiche Abstände.

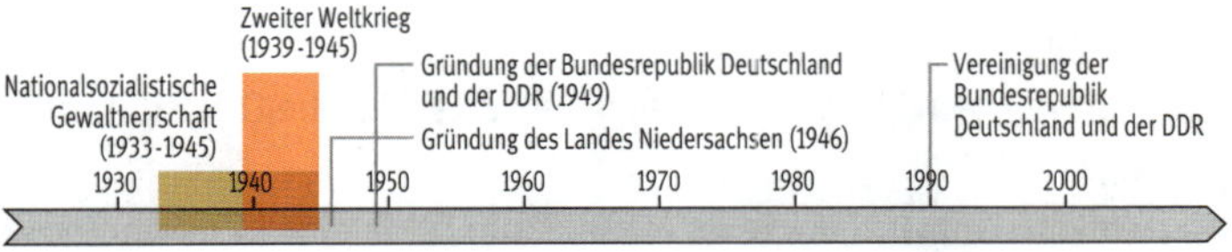

Was ist ein Längsschnitt?

Längsschnitt nennen wir ein Vorgehen, bei dem ein Thema („Krieg und Frieden“, Menschenrechte), ein Lebensbereich (Wohnen, Arbeit, Freizeit) oder eine Gruppe von Menschen (Kinder, Jugendliche) historisch untersucht werden. Die Themen werden über eine lange Zeit hinweg anhand derselben Merkmale betrachtet. Die sich wandelnden Verhältnisse werden in einem Referat (→ *Referieren*) beschrieben oder in einer Ausstellung veranschaulicht und miteinander verglichen. Ein Längsschnitt verdeutlicht die grundlegenden Probleme des Themas, nennt Gründe für den Wandel sowie dessen Folgen zu jeweils unterschiedlichen Zeiten. Es wird deutlich, was sich verändert hat oder erhalten blieb und warum das so ist.

Karten auswerten

Karten für den Geschichtsunterricht informieren nicht nur über die Lage von Ländern, Orten, Meeren, Flüssen, Gebirgen und andere Kennzeichen einer Landschaft. Sie verknüpfen Erdkunde und Geschichte, indem sie zeigen, welche Ereignisse und Entwicklungen in bestimmten Gebieten stattfanden, wie sich Lebensräume von Völkern und Ländergrenzen veränderten, woher Handelsgüter kamen und wohin sie auf welchen Wegen gebracht wurden.

Um welches Thema es in der Karte geht, auf welche Zeit und welchen Raum sie sich bezieht, sagt dir die Überschrift. Die in der Karte verwendeten Zeichen, Farben und Abkürzungen werden in der *Legende* erklärt. Sie nennt dir auch den Maßstab.

Mögliche Arbeitsschritte und Leitfragen:

1. Stelle das Thema der Karte fest. Beziehe den Titel und die Legende ein.
2. Auf welchen Raum bezieht sich die Karte? Welche Orte sind wichtig?
3. Welche Zeit wird dargestellt? Zeigt die Karte einen Zustand oder eine Entwicklung?
4. Welche Bedeutung haben die Zeichen der Legende? Beachte den Maßstab.
5. Was zeigen die Farbflächen, was die Symbole?

Wenn du alle Informationen zusammengetragen hast, kannst du die Karte beschreiben und die Zusammenhänge deuten.

Schaubilder und Verfassungsschemata verstehen

Ein Schaubild kann übersichtlich zeigen, wie ein Staat, eine Organisation oder eine Gesellschaft aufgebaut war oder ist. Es ist in der Lage, Zusammenhänge und Beziehungen zwischen Teilen eines Ganzen darzustellen. Ein Verfassungsschema stellt den Aufbau und die Arbeitsweise eines Staates sowie die Rechte und Pflichten der Bürger grafisch dar.

Prüfe zunächst, welche Begriffe du erklären solltest. Um ein Schaubild lesen zu können, musst du zunächst entscheiden, an welcher Stelle du am besten mit der Beschreibung beginnst. Halte auch danach eine sinnvolle Reihenfolge ein. Entscheidend sind die Beziehungen zwischen den Bestandteilen des Schaubildes. Beachte die verwendeten Zeichen. Manchmal ist die Form des Schaubildes wichtig für die Deutung.

Mögliche Arbeitsfragen:

1. Welche Ämter und Einrichtungen werden erwähnt? Wer hat wie Zugang zu ihnen, wer nicht?
2. Welche Teile der Bevölkerung werden genannt, welche nicht?
3. Wer arbeitet mit wem zusammen? Wobei?
4. Wer hat welche Aufgaben, Rechte oder Pflichten?
5. Wer hat wie viel Macht? Ist jemand von der Macht ausgeschlossen?

Schreibe die Antworten jeweils auf, ordne sie auf einem Stichwortzettel und präge sie dir ein. Trage die Ergebnisse möglichst frei vor.

Diagramme deuten

- *Kreisdiagramme*: Sie zeigen Anteile an einer Gesamtmenge in Prozenten und geben den Zustand zu einer bestimmten Zeit an. Wollen wir Veränderungen erkennen, benötigen wir für jeden Zeitpunkt, den wir mit einem anderen vergleichen wollen, ein weiteres Kreisdiagramm.
- *Linien- oder Kurvendiagramme*: Um längere Entwicklungen zu zeigen, brauchen wir Daten in regelmäßigen Zeitabständen. Wir tragen die Messgrößen (y-Achse) und Zeiten (x-Achse) in ein Koordinatensystem ein und verbinden die Zahlenwerte zu einer Kurve. Wir können mehrere Kurven in einem Diagramm abbilden, um sie miteinander zu vergleichen.
- *Säulen- oder Balkendiagramme*: Wenn Zahlen nur in unregelmäßigen Jahresabständen vorliegen, empfiehlt sich das Säulen- oder Balkendiagramm: Wir wandeln die Zahlenwerte maßstabsgerecht in Säulen oder Balken um.

Vor der Auswertung solltest du das Diagramm beschreiben. Dabei helfen dir folgende Fragen:

1. Wie und worüber informiert das Diagramm?
2. Welche Entwicklung ist zu erkennen (hohe und niedrige Werte, Trends, Zusammenhänge)?

Wenn du die Diagramme beschrieben hast, kannst du sie auswerten, deine Beschreibungen erklären und Schlussfolgerungen ziehen. Dazu benötigst du weitere Informationen. So lassen sich Gründe für die in den Diagrammen bezifferten Zustände und Entwicklungen benennen und Zusammenhänge verdeutlichen.

Statistiken beurteilen

Der britische Politiker Winston Churchill soll einmal gesagt haben: „Never trust a statistic you didn't fake yourself." Müssen wir daher allen Statistiken misstrauen? Oder lügt nicht die Statistik, sondern derjenige, der damit nicht korrekt umgeht? Da Statistiken unser historisches Wissen ergänzen und zur Interpretation von Veränderungen gebraucht werden, müssen wir klären, worüber sie informieren, welcher Art die Angaben sind und aus welchen Quellen sie stammen, auf welche Zeit und auf welche Räume sie sich beziehen.

Bauwerke erforschen

Kirchen, Schlösser, Rathäuser, Bauernhöfe und Wohnhäuser können geschichtliche Quellen sein. Ihre Gestaltung ist nicht nur Ausdruck individueller architektonischer Vorstellungen, sie enthält auch Hinweise auf die Zeit (Epoche), in der ein Bauwerk entstanden ist, und seine Aufgabe.

Beschreibe zunächst Form und Größe des Bauwerkes. Suche danach Antworten auf folgende Fragen:

1. Wann und wo entstand das Bauwerk? Welchem Zweck diente es?
2. Wer gab den Auftrag? Wer baute es? Wer war der Baumeister?
3. Wie lange dauerte der Bau?
4. Welche Werkstoffe wurden verwendet, woher kamen sie?
5. Wurden neuartige Techniken angewendet?
6. In welchem Zustand befindet es sich heute?

Denkmäler untersuchen

Denkmäler erinnern nicht nur an eine Person oder ein Ereignis. Sie berichten auch über die Vorstellungen der Menschen, die sie geplant, entworfen und bezahlt haben. Daher lohnt es sich, ihre Entstehungszeit und -geschichte, ihren Typ, ihre Gestaltung, Lage und Wirkung zu untersuchen. Um die Bedeutung eines Denkmals verstehen und interpretieren zu können, sind folgende Untersuchungsschritte hilfreich:

1. Beschreibe Aussehen, Größe, Erscheinungsform und Lage des Denkmals.
2. Bestimme den Denkmalstyp (Standbild, Mahnmal, Sieges-, Helden- oder Nationaldenkmal).
3. Wer gab den Auftrag und wie wurde es finanziert?
4. Wann wurde das Denkmal errichtet und eingeweiht?
5. Wurde es im Laufe der Zeit verändert oder an einen anderen Platz versetzt? Was waren die Gründe, wer war dafür verantwortlich?
6. Kläre die verwendeten Symbole und Figuren.
7. Welche Aufgabe übernehmen Inschriften?
8. Welche Funktion hatte das Denkmal in seiner Entstehungszeit?
9. Welche Wirkung sollte es erzielen?
10. Welche Bedeutung hat es heute?

Herrscherbilder genau betrachten

Herrscherstandbilder sollen wie Herrscherbilder auf die Betrachter wirken. Um sie beurteilen zu können, müssen wir sie zunächst als Ganzes und dann in ihren Einzelheiten betrachten. Wichtig sind Größe, Kopf-, Arm- und Beinhaltung, Blickrichtung, Kleidung und Beigaben. Die Besonderheiten sind nicht zufällig, sondern sollen etwas Bestimmtes aussagen. Aus ihnen können wir erschließen, wie sich der Herrscher selbst sah, wie er vom Volk gesehen werden wollte oder wie ein Künstler ihn sah.

Bilder verstehen und interpretieren

Bilder können Geschichten erzählen und etwas über die Zeiten mitteilen, in denen sie entstanden sind. Du kannst sie zum Sprechen bringen, indem du Fragen an sie stellst. Nicht alle lassen sich bei jedem Bild beantworten. Oft musst du weitere Informationen einholen. Du kannst bei der Arbeit mit Bildern in drei Schritten vorgehen:

Beschreibe das Bild!

1. Welche Personen erkennst du auf dem Bild?
2. Was tun die Personen? Wie sind sie gekleidet? Haben sie Gegenstände bei sich?
3. Kannst du weitere Dinge oder Tiere auf dem Bild erkennen?
4. Welche Farben wurden wofür verwendet?
5. Wie wirkt das Bild auf dich?

Erkläre die Zusammenhänge!

1. Ist auf dem Bild etwas hervorgehoben? Woran erkennst du das?
2. Wie sind die Personen dargestellt? Fällt dir dabei etwas auf? Sind es wirkliche Personen oder stehen sie für etwas?
3. In welcher Beziehung zueinander sind die Personen dargestellt?

Finde heraus, warum das Bild „gemacht" wurde!

1. Wann und wo wurde das Bild geschaffen oder veröffentlicht?
2. Hat es ein besonderes Format?
3. Wer hat den Auftrag dazu gegeben? Zu welchem Zweck wurde es hergestellt?
4. Was sollte es dem Betrachter sagen?
5. Welche Ereignisse und Vorstellungen haben für die Darstellung eine Bedeutung? Kannst du sie auf dem Bild erkennen?
6. Erzähle, was das Bild dir sagt.

Karikaturen analysieren

Politische Karikaturen sind gezeichnete Kommentare zu Ereignissen oder zu Entscheidungen von Politikern. Anders als Journalisten melden sich Karikaturisten in einer Zeitung nicht mit einem Text, sondern mit einer Skizze zu Wort. Oft setzen sie eine erläuternde Textzeile unter ihre Karikatur oder sie legen einer Figur eine Äußerung in den Mund. Karikaturen vereinfachen oder verzerren die Wirklichkeit, um etwas hervorzuheben: Sie zeigen Schwächen von Personen, bemängeln Zustände und Entwicklungen. Um Karikaturen als historische Quelle auszuwerten, solltest du zunächst beschreiben, wer oder was auf welche Weise dargestellt ist. Kläre, in welchem politischen Zusammenhang die Zeichnung entstanden ist und woher sie stammt.

1. Was will der Zeichner ausdrücken?
2. Welche Darstellungsmittel wendet er an?
3. Lässt sich sein politischer Standort bestimmen?
4. Überlege, welche Wirkung die Karikatur erzielt haben könnte.

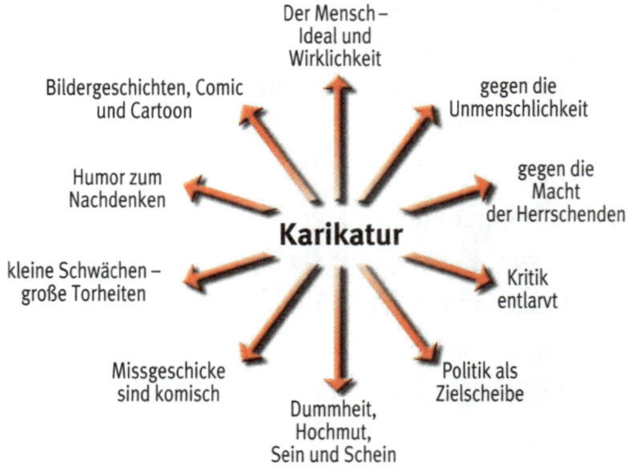

Politische Plakate auswerten

Parteien setzen seit Langem besonders im Wahlkampf Plakate ein, um für ihre Ziele zu werben. Sie werden vor allem dort geklebt und

aufgehängt, wo täglich viele Menschen vorbeikommen – an befahrenen Straßen, auf Bahnhöfen und in Stadtzentren.
Plakate werden meist so gestaltet, dass sie auffallen und auf den ersten Blick wirken. Die Texte sind in der Regel kurz – sie sollen sich schon beim flüchtigen Lesen einprägen. Die Gestaltung und die Texte von Plakaten enthalten interessante Informationen über die Zeit, in der sie entstanden sind. Insofern sind sie historische Quellen. Aus ihnen erfahren wir etwas über die Parteien und ihre politischen Vorstellungen.

Folgende Fragen können bei der Auswertung von Plakaten helfen:
1. Welche Gefühle lösen die Farben und Symbole aus?
2. Enthalten die dargestellten Symbole bestimmte Informationen?
3. Ist das Format auffallend?
4. Mit welchen grafischen Mitteln wurde der Text gestaltet?
5. Wie wurde der Zusammenhang zwischen Text und Bild hergestellt?
6. Wer ist der Auftraggeber, an wen wendet er sich?
7. Was will er mit dem Plakat erreichen?
8. In welcher politischen Situation wurde es eingesetzt?

Fotos untersuchen

Fotos sind Aufnahmen eines einzigen Augenblicks: Sie spiegeln einen von zahlreichen Entwicklungsschritten. Was das Foto gerade zeigt, war oft gleich nach der Aufnahme schon anders.
Porträtfotos dokumentieren, wie Menschen früher aussahen, wie sie gekleidet waren; wie sie in welcher Umgebung lebten oder mit welchen Geräten und Maschinen sie arbeiteten. In der zweiten Hälfte des 20. Jh. wurde Fotografieren für viele bezahlbar. Seitdem wuchs die Zahl der oft spontan gemachten Bilder aus dem bislang wenig beachteten Alltag der Menschen aus allen Schichten der Gesellschaft. Fotos wurden zu einer immer wichtigeren Quelle für die Geschichte. Wir müssen den Quellenwert eines Fotos prüfen, denn es gibt viele

Möglichkeiten, es zu bearbeiten: Es können unerwünschte Bildteile entfernt, bestimmte Inhalte vergrößert oder so retuschiert werden, dass sie eine Wirklichkeit vortäuschen. Durch die digitale Bildbearbeitung ist diese Gefahr noch gewachsen.

Bei der Deutung eines Fotos können dir diese Anregungen und Fragen helfen:

1. Beschreibe, wer oder was abgebildet ist.
2. Lässt sich bei genauem Hinsehen mehr über die Situation und den Zeitpunkt der Aufnahme erkennen, als dir die Legende mitteilt?
3. Für wen und in welcher Absicht könnte das Foto gemacht worden sein?
4. Wurde eine bestimmte Perspektive gewählt oder nur ein Ausschnitt vergrößert? Warum?
5. Lassen sich Hinweise auf nachträgliche Veränderungen erkennen?
6. Legt das Foto eine bestimmte Deutung einer Person oder eines Ereignisses nahe?
7. Inwiefern bereichert das Foto unsere Kenntnisse über die Vergangenheit?
8. Dient die Wiedergabe eines Fotos einer bestimmten Deutung der Geschichte, die über das Abgebildete hinausgeht?

Filme analysieren

Historienfilme erzählen Geschichte. Beispiele sind „Troja“, „Quo vadis“, „Ben Hur“, „Luther“, „Schindlers Liste“, „Rosenstraße“ oder „Das Wunder von Bern“. Aus diesen Filmen, die sich meist an ein breites Publikum wenden, erfahren wir – mehr oder weniger richtig – etwas über Ereignisse und Personen, über das Verhalten und Denken der Menschen sowie ihre Lebensverhältnisse in einer bestimmten Epoche.

Da Filme zum Teil durch Steuervorteile und Wettbewerbe gefördert werden oder – wie in der DDR – durch staatliche Lenkung oder Zensur beeinflusst wurden, zeigen sie oft eine bestimmte Weltanschauung. Um das zu erkennen, müssen wir genau hinsehen und hinhören und uns auch aus anderen Quellen informieren. Nur so können wir beispielsweise feststellen, ob absichtlich Wichtiges weggelassen oder etwas hinzuerfunden wurde oder eine bestimmte Weltanschauung (Ideologie) vermittelt werden soll. Wie bei jeder Quelle sind die im Film vermittelten Informationen zu prüfen.
Filme sind historische Quellen, doch sie bilden die Wirklichkeit nicht ab. Worüber sie Auskunft geben, hängt von der Fragestellung des Betrachters ab. Alle Filmgattungen (Spiel-, Dokumentar-, Historien- und Unterrichtsfilme, aber auch Mischformen aus Spiel- und Dokumentarfilmen) bieten zum einen Einblicke in die dargestellte Zeit und zum anderen Hinweise aus der Zeit, in der sie produziert wurden. Gleichzeitig drücken sie auch die Vorstellungen der Filmemacher aus. Sie interpretieren mit ihren künstlerischen Mitteln die Themen und Personen. Für die Untersuchungen eines Filmes mit historischen Aussagen ist nicht nur wichtig, ob die dargestellte Geschichte richtig rekonstruiert worden ist. Entscheidend für die Filmanalyse ist die Frage: Was wird mit welcher Wirkung gezeigt?

Anhaltspunkte für eine Filmanalyse sind:
Bildinhalt: Was ist zu sehen?
- *Ausstattung und Dekoration*: Ist sie karg, üppig, der Zeit entsprechend?
- *Personen*: Wirken die Personen/Schauspieler sympathisch oder unsympathisch? Wie kommt dieser Eindruck zustande?
- *Umgebung*: Aussagen über die Orte der Handlung

Bildgestaltung: Wie ist es gemacht?
- *Einstellung der Kamera*: Werden Nah- oder Großaufnahmen, Detail- oder Panoramabilder bevorzugt?

- *Kameraperspektiven*: Wird eine normale Sicht oder werden Unter- oder Aufsichten bevorzugt?
- *Kamerabewegungen*: Ist die Kameraführung hektisch oder ruhig?
- *Bildaufbau*: Wie ist das Verhältnis von Bildvordergrund, -mitte und -hintergrund?
- *Szenengestaltung*: Wie häufig sind Überblendungen oder Szenenwechsel?
- *Rhythmus*: Wie lange dauern Einstellungen?
- *Tricks/Effekte*: Womit werden besondere Wirkungen erzeugt?
- *Ton/Sprache*: Hören und sehen wir, wie die Darsteller miteinander sprechen (On-Ton), oder werden nur die Reaktionen auf die Worte gezeigt (Off-Ton)? Übernimmt eine Stimme die Aufgabe eines Erzählers? Ist die Tonquelle im Bild sichtbar? Beeinflusst die Filmmusik unsere Gefühle? Baut sie Spannung auf?

Diese filmischen Mittel können in einem „Einstellungsprotokoll" festgehalten werden.

Für die Interpretation des Filmes können Antworten auf folgende Fragen wichtig sein:

1. Wann wurde der Film produziert? (Warum zu diesem Zeitpunkt? Was zeichnet die Entstehungszeit aus?)
2. Welche Weltanschauung wird gewollt oder ungewollt vermittelt?
3. Was lässt sich über Regisseur, Drehbuchautor, Schauspieler sowie Finanzierung und Vermarktung herausfinden?
4. Wie wurde der Film von den Zeitgenossen aufgenommen?
5. Wie wirkt der Film heute?

Erkundungen planen

Museen sammeln und stellen aus, was Menschen früherer Zeiten hinterlassen haben. Sie zeigen, wie sie gelebt und gearbeitet haben, sie machen Alltag und Politik anschaulich.

Ein Museumsbesuch, die Erkundung einer alten Stadt, eines Gebäudes oder Denkmals macht Geschichte nacherlebbar.

Sinnvoll ist es, eine Erkundung in der Klasse vorzubereiten. Sucht einen Ort, ein Denkmal oder ein Museum aus, der zu eurem Unterrichtsthema etwas Interessantes zu bieten hat und günstig zu erreichen ist. Informiert euch vorab im Internet (➔ *Im Internet recherchieren*) oder in einem Kunstführer (➔ *Fachliteratur finden ...*).

1. Grenzt das Thema ein, das ihr erkunden wollt.
2. Notiert Fragen, die im Unterricht offengeblieben sind. Gruppen könnten jeweils einen Schwerpunktbereich vorbereiten.
3. Prüft, ob ihr einen Experten braucht.

Experten anhören

Um ein Thema zu erweitern oder zu vertiefen, könnt ihr einen Experten befragen, also jemanden, der sich in seinem Wissensgebiet besonders gut auskennt. Für das Fach Geschichte sind es Mitarbeiter von Museen, Universitäten oder Archiven. Auch Angehörige bestimmter Berufe oder Orden sind Fachleute in ihrem Bereich. Bevor ihr einen von ihnen zu euch in die Klasse einladet, müsst ihr Fragen sammeln, aufschreiben und bündeln. Einer von euch übernimmt die Gesprächsleitung, ein anderer könnte wesentliche Aussagen protokollieren (➔ *Protokollieren*). So entsteht eine Zusammenfassung zu einem Thema, die es bisher vielleicht noch nicht gab.

Zeitzeugen befragen

Über noch nicht so lange zurückliegende Ereignisse kannst du Betroffene, Handelnde oder Zuschauer befragen. Du findest sie in der Familie, in der Bekanntschaft, in Parteien oder im Internet (➔ *Im*

Internet recherchieren). Die Befragung muss gut vorbereitet werden. Du benötigst Grundkenntnisse des Ereignisses. Ein Zettel mit persönlichen Angaben zum Interviewpartner und einigen Leitfragen hilft dir, das Gespräch zu führen und die Informationen zu ordnen. Fotos aus der Zeit, an die sich Erinnerungen knüpfen, sind ergiebige Gesprächsanlässe. Höre konzentriert zu und frage an unklaren Stellen sofort nach. Berücksichtige immer auch, dass das Gedächtnis trügen kann. Nachfragen kann dann manchmal weiterhelfen. Nur so kannst du den Dingen auf den Grund gehen. Ein Hilfsmittel für Befragungen ist ein Diktiergerät. Damit kannst du alles festhalten, was gesagt wurde. Aber du kannst in zu vielen Einzelheiten leicht „ertrinken", das heißt, du musst aus zu vielen allgemeinen Aussagen die für dein Thema wichtigen mühsam heraussuchen. Eine andere Möglichkeit ist es, Stichworte per Hand oder Laptop mitzuschreiben und erst später auszuformulieren. Dabei kann dir allerdings auch etwas entgehen. Deinen Text solltest du deinem Interviewpartner zur Überprüfung vorlegen. Beachte: Jeder Gesprächspartner kann dir nur aus seiner persönlichen Sicht berichten. Ein anderer Zeitzeuge hat vielleicht dieselben Ereignisse anders wahrgenommen. Vergleiche daher die Aussagen mit anderen Quellen.

Fachliteratur finden und nachweisen

Wenn du ein Thema gründlich erarbeiten und darüber ein Referat halten sollst (→ *Referieren*), benötigst du Fachliteratur. In der Bibliothek sind Bücher alphabetisch in einem Verfasser- und in einem Sachkatalog aufgelistet. Auf einer Karteikarte oder einem Bildschirm erhältst du Angaben über Verfasser, Erscheinungsort und -jahr sowie die Signatur: eine Folge von Zahlen und Buchstaben, mit denen das Werk in der Bibliothek eingetragen und leicht auffindbar ist. Findest du zu deinem Thema mehr Bücher, als du auswerten kannst, musst du einige auswählen. Prüfe anhand des Inhaltsverzeichnisses, der Einführung und/oder der Zusammenfassung, ob das Buch für dich ergiebig sein könnte. Benutze im Zweifel das neueste. Hast du ein Buch für dein Referat verwendet, nennst du es am Schluss deines Textes. So weist du nach, woher du dein Wissen hast. Also schreibe dir genau auf, welche Bücher du gelesen hast. Aussagen, die du wörtlich oder indirekt zitierst, belegst du mit Seitenangaben. So kann jeder deine Aussagen im Zusammenhang nachlesen und überprüfen. Achtung: Auch Informationen aus dem Internet musst du nachweisen!

Vorname und Name des Autors — Titel

Ingrid Gilcher-Holtey, Die 68er-Bewegung. Deutschland – Westeuropa – USA, München ^{4}*2008*

Verlagsort — Angabe der Auflage — Jahr der Veröffentlichung

Im Internet recherchieren

Recherchieren will gelernt sein: Das Schulbuch kann zu einzelnen Themen immer nur ganz wenige beispielhafte Bild- und Textquellen abdrucken. Die Arbeit mit dem Internet kann Lücken schließen helfen. Die Fülle von Informationen, die das Internet bietet, ist zugleich sein Problem. Wenn du keine speziellen Adressen hast, bist du auf Suchmaschinen angewiesen.

Es kommt darauf an, mit wenigen gut ausgewählten Stichwörtern das Thema, über das du Informationen haben möchtest, eng einzukreisen, um nicht eine unübersehbar große Menge an Treffern zu bekommen, mit denen du wenig anfangen kannst. Wenn du beispielsweise etwas über die Industrialisierung in deiner Region erfahren möchtest, solltest du den Begriffe und einen Ort oder eine Region in die Suchmaschine eingeben und mit (+) bzw. (and) verbinden; interessiert dich eine bestimmte Firma, solltest du den Namen hinzufügen (Beispiel: *Industrialisierung + Ruhrgebiet + Krupp*).

Mit Websites kritisch umgehen:
Gelangst du auf eine Homepage, solltest du dir folgende Fragen stellen, um die Zuverlässigkeit der Website zu testen:

1. Welche Informationen kann ich von ihr erwarten?
2. Wer sind die Autoren, wer hat die Seite ins Netz gestellt? Kann ich mich an die Verfasser wenden, wenn ich Fragen habe (E-Mail-Adresse)?
3. Wie aktuell sind die Informationen (letztes Update)?
4. Sind die Informationen schnell oder umständlich zu finden?
5. Ist nachgewiesen, woher die Materialien stammen?
6. Gibt es Verknüpfungen (Links) zu anderen Websites, die sich mit dem Thema beschäftigen, sodass ich nicht erst wieder zurück zur Eingabe in die Suchmaschine gehen muss?

So, wie du Bücher und Aufsätze angeben musst, die du für ein Referat verwendet hast, gehören auch die benutzten Websites in die Literaturangaben. Der Leser soll wissen, woher deine Informationen stammen, damit er sie nachprüfen kann. Dies sieht z. B. so aus:
http://www.zlb.de/projekte/1848/ (Zugriff am 10. November 2010)
Diese Adressen sind übrigens ganz leicht anzugeben, weil sie immer am Ende einer ausgedruckten Seite erscheinen. Du musst lediglich das Datum des Zugriffs hinzufügen.
Das gleiche Verfahren ist bei Zitaten aus Quellen oder beim Herunterladen (Download) von Grafiken und Bildern anzuwenden. Beachte, dass sich die Angaben im World Wide Web häufig ändern!

Im Archiv forschen

Vor allem für lokal- und regionalgeschichtliche Themen findest du Material im Archiv. Das ist ein Ort, an dem alte Akten, Zeitungen, Flugblätter, Protokolle, Briefe, Tagebücher, Fotos und andere Unterlagen von Behörden, Firmen, Vereinen und Privatleuten aufbewahrt werden.

Voraussetzung für die vertiefende Arbeit im Archiv sind Grundkenntnisse des Themas. Wenn du weißt, welche Aspekte du bearbeiten willst, solltest du dazu Fragen formulieren. Dann ermittelst du, welches Archiv darüber Material besitzt.
Kläre per Telefon mit den Mitarbeitern des Archivs dein Anliegen und vereinbare einen Besuchstermin. Beachte die Verhaltens- und Benutzungsregeln im Archiv. Zögere nicht, die Experten um Rat zu fragen.
Hast du das Erhoffte gefunden, mache dir umfassende Notizen – immer mit genauer Quellenangabe. Wahrscheinlich darfst du die Akten gar nicht oder nicht selbst kopieren. Auch eine Ausleihe ist nicht üblich.
Nach der Rückkehr aus dem Archiv muss das gesammelte Material gesichtet, geordnet und zu einer gegliederten, gut verständlichen Darstellung verarbeitet werden.
In Stadtarchiven lässt sich anhand von Zeitungen und anderen Quellen zum Beispiel gut erforschen, wie die „Machtergreifung" in deinem Wohnort ablief.

1. Verschaffe dir anhand bereits vorhandener lokalgeschichtlicher Veröffentlichungen zunächst einen Überblick.
2. Stelle fest, welche Zeitungen einzusehen sind, welche anderen Quellen (Ratsprotokolle, Polizeiberichte, Plakate, Aufrufe, Tagebücher, Fotos) vorliegen. Kläre, ob und wie du sie auswerten kannst. Prüfe, welche Dokumente du kopieren oder fotografieren (lassen) möchtest.
3. Notiere die Quellenangaben (Daten, Fundstellen, Signaturen) genau.
4. Informiere dich über die ausgewerteten Zeitungen und deren Redakteure („Schriftleiter") sowie die Verfasser der Materialien und ihren politischen Standort.

Protokollieren

Wozu? Protokolle fassen die Ergebnisse von Gesprächen, Treffen oder Unterrichtsstunden sachlich, knapp und geordnet zusammen, um darauf aufbauend weiterarbeiten zu können. Protokolle verkürzen Wiederholungen, helfen bei der Vorbereitung von Prüfungen und ermöglichen es denen, die gefehlt haben, schnell den Anschluss zu finden.

Wie wird's gemacht? Als Protokollant vermerkst du Datum, Thema und die behandelten Einzelfragen. Schreibe in Stichwörtern nur Wesentliches auf. Achte auf Zusammenhänge. Thema und Argumente sind meist wichtiger als Einzelheiten und Beispiele. Möglichst bald solltest du deine Mitschrift ordnen und einen zusammenfassenden Text in berichtender Sprache schreiben. Achte darauf, kurz, themenbezogen, logisch und schwerpunktmäßig zu formulieren.

Referieren

Manchmal ist es nützlich, ein Thema zu vertiefen, beispielsweise durch ein Referat. Ausgangspunkt ist ein klar eingegrenzter Bereich, der vorgestellt werden soll. Zunächst benötigst du einige Leitfragen, die du mit deinem Referat beantworten willst. Um dies leisten zu können, suchst du dir zum Thema Bücher und Informationen aus dem Internet (→*Im Internet recherchieren*). Aus ihnen schreibst du dir in Stichwörtern Antworten auf deine Fragen heraus. Anschließend formulierst du in eigenen Worten die wichtigsten Ergebnisse – falls du das Referat schriftlich vorlegst. Für einen mündlichen Kurzvortrag reichen Stichwörter, die du anhand eines kleinen Notizzettels erst zu ganzen Sätzen entwickelst, wenn du vor der Klasse stehst. Um deine Mitschüler für dein Thema zu interessieren, solltest du dir eine neugierig machende Überschrift und einen ungewöhnlichen Einstieg einfallen lassen (z. B. eine aufrüttelnde Frage, eine aktuelle Nachricht, ein besonderes Zitat oder ein interessantes Bild). Nach dem Einstieg trägst du klar gegliedert in möglichst kurzen Sätzen und verständlicher Sprache deine Ergebnisse vor.

Abkürzungen

APO .... Außerparlamentarische Opposition

B 90/Grüne .. Bündnis 90/ Die Grünen
BVP .... Bayerische Volkspartei

CDU .... Christlich-Demokratische Union
COMECON .... → *RGW*
CSU .... Christlich-Soziale Union

DAF .... Deutsche Arbeitsfront
DAP .... Deutsche Arbeiterpartei
DBD .... Demokratische Bauernpartei Deutschlands
DDP .... Deutsche Demokratische Partei
DDR .... Deutsche Demokratische Republik
DM .... Deutsche Mark
DNVP .... Deutschnationale Volkspartei
DVP .... Deutsche Volkspartei (zuvor DDP)

EAG .... Europäische Atomgemeinschaft
EG .... Europäische Gemeinschaft
EGKS .... Europäische Gemeinschaft für Kohle und Stahl (Montanunion)
ERP .... Europäisches Wiederaufbauprogramm; Marshall-Plan
EU .... Europäische Union
EURATOM .... Europäische Atomgemeinschaft
EWG .... Europäische Wirtschaftsgemeinschaft

FDGB .... Freier Deutscher Gewerkschaftsbund
FDJ .... Freie Deutsche Jugend
FDP .... Freie Demokratische Partei

Gestapo .... Geheime Staatspolizei
GG .... Grundgesetz für die Bundesrepublik Deutschland
GUS .... Gemeinschaft Unabhängiger Staaten

HJ .... Hitler-Jugend

IM .... Inoffizielle Mitarbeiter des → *MfS*
IWF .... Internationaler Währungsfonds

KdF .... Kraft durch Freude
KPD .... Kommunistische Partei Deutschlands
KPdSU .... Kommunistische Partei der Sowjetunion
KSZE .... Konferenz über Sicherheit und Zusammenarbeit in Europa → *OSZE*
KVP .... Kasernierte Volkspolizei
KZ .... Konzentrationslager

LDPD .... Liberal-Demokratische Partei Deutschlands
LPG .... Landwirtschaftliche Produktionsgenossenschaft

MfS .... Ministerium für Staatssicherheit
MSPD .... Mehrheitssozialdemokratie

NATO .... Nordatlantische Verteidigungsgemeinschaft
NSDAP .... Nationalsozialistische Deutsche Arbeiterpartei
NVA .... Nationale Volksarmee

OECD .... Organisation für Wirtschaftliche Zusammenarbeit und Entwicklung
OEEC .... Organisation für Europäische Wirtschaftliche Zusammenarbeit
OSZE .... Organisation für Sicherheit und Zusammenarbeit in Europa

PDS .... Partei des Demokratischen Sozialismus
PLO .... Palästinensische Befreiungsorganisation

RAD .... Reichsarbeitsdienst
RAF .... Rote Armee Fraktion
RGW .... Rat für Gegenseitige Wirtschaftshilfe
RM .... Reichsmark
RSHA .... Reichssicherheitshauptamt

SA .... Sturmabteilung der NSDAP
SALT .... Strategic Arms Limitation Talks (Verhandlungen über die Beschränkung strategischer Nuklearwaffen)
SBZ .... Sowjetische Besatzungszone
SEATO .... Südostasien-Pakt
SED .... Sozialistische Einheitspartei Deutschlands
SMAD .... Sowjetische Militäradministration in Deutschland
SPD .... Sozialdemokratische Partei Deutschlands
SS .... Schutzstaffel der NSDAP
START .... Strategic Arms Reduction Talks (Verhandlungen über den Abbau strategischer Rüstungssysteme)
Stasi .... Staatssicherheit; Ministerium für Staatssicherheit

UdSSR .... Union der Sozialistischen Sowjetrepubliken
UN(O) .... Vereinte Nationen
USA .... Vereinigte Staaten von Amerika
USPD .... Unabhängige Sozialdemokratische Partei Deutschlands

VEB .... Volkseigener Betrieb

WEU .... Westeuropäische Union
WTO .... Welthandelsorganisation
WVO .... Warschauer Vertragsorganisation (Warschauer Pakt)

ZK .... Zentralkomitee

Register